新生活教育理念下的初中物理教学实践研究

黄美芳◎著

SPM 南方出版传媒 花城出版社
中国·广州

图书在版编目（CIP）数据

新生活教育理念下的初中物理教学实践研究 / 黄美芳著. -- 广州 : 花城出版社, 2020.8
ISBN 978-7-5360-9211-2

Ⅰ. ①新… Ⅱ. ①黄… Ⅲ. ①中学物理课－教学研究－初中 Ⅳ. ①G633.72

中国版本图书馆CIP数据核字(2020)第161779号

出 版 人：肖延兵
责任编辑：陈诗泳
技术编辑：薛伟民　林佳莹
封面设计：王玉美

书　　名　新生活教育理念下的初中物理教学实践研究
XINSHENGHUO JIAOYU LINIAN XIA DE CHUZHONG WULI JIAOXUE SHIJIAN YANJIU
出版发行　花城出版社
（广州市环市东路水荫路 11 号）
经　　销　全国新华书店
印　　刷　深圳市福圣印刷有限公司
（深圳市龙华区龙华街道龙苑大道联华工业区）
开　　本　880 毫米×1230 毫米　32 开
印　　张　6.75　1 插页
字　　数　175,000 字
版　　次　2020 年 8 月第 1 版　2020 年 8 月第 1 次印刷
定　　价　48.00 元

如发现印装质量问题，请直接与印刷厂联系调换。
购书热线：020－37604658　37602954
花城出版社网站：http://www.fcph.com.cn

用生活教育理念审视初中物理教学

作为一个从教已经近三十年的教师，我对学生和物理教学有着一种执着和热爱，生活记录着我对物理教学的点滴感悟。

作为一名教师，我的教育初心就是热爱孩子。每个孩子都是“宝贝”，他们是家庭的希望，更是社会的未来。每天与孩子在课堂上探究知识，在走廊里交流生活，在操场上一起运动……看着他们点滴成长，便是我最幸福的时刻。每个孩子都有自己的特质，都有属于自己的成长道路，我的任务便是关注并扶植他们成长，缓慢而厚实，看到他们收获成长我亦满心欢喜。

作为一名物理教师，不管是在一线从事物理教学工作，还是走上管理岗位，物理课堂都是我心中最圣洁的地方。从教以来，无论多忙我都坚持上课，把自己来源于生活的物理理解，传递给班级里的孩子。这些理解，随着时间的沉淀竟然也慢慢明晰，并逐渐成为引导我物理课堂的核心理念。

首先，物理教学要抓住生活变化这一特点。对我来说，物理是一门与现实生活息息相关、千变万化的学科，所以物理教学也应紧随生活而变化，二者具有内在的一致性和协调性。我及时融入新课程改革的时代潮流中来，结合新课程改革的相关精神，重新审视新生活教育理念对初中物理教学的引导作用。

其次，当今初中物理教学需要关注物理学科核心素养，凸显初中物理学科的特质。物理观念、科学思维、实验探究和科学的态度与责任是物理学科的核心素养要求。这四个维度的学科核心素养是深深植根于现实生活的“教养”和“学养”，更是服务于学生发展的“素养”。如何践行，依然要回归到生活和课堂中来。

此外，初中物理教学必须坚持生活化的教学理念。生活是物理教学的大课堂，蕴藏着千姿百态的教学资源和学习机遇。不论是大气压强的变化，还是电与磁的魅力，都能在生活中找到它们的身影。我始终遵循“生活化教学”的思路，继承以往初中物理生活化教学的有益经验，赋予基于学科核心素养的物理教学以新的意义。在这个过程中，“三生课堂”理念因为有着极强的生命力，很快成为学校课堂教学的主要依归。

最后，生活处处是物理教学的讲台。课堂上，向孩子传授多样化的知识；实验室里，引导学生动手实践，获得属于自己的物理体验；走廊里，与学生闲谈物理现象……地点不一、知识多样、形式灵活，这何尝不是一段独特的体验呢？

在作序之时，我内心有着作为教师的慰藉，也有着对物理教学的美好憧憬。基于新生活教育理念的初中物理教学实践没有完成时，只有进行时，需要每一位教师持续的努力。我无法预测初中物理教学的未来发展状况，也无法预估未来教学实践的体量与质量，但能够深深地感受到生活教育理念的无穷魅力，以及它对初中物理教学产生的深远影响。

大浪淘沙，逐渐成熟的“新生活教育”，总是具有强大生命力的，总能突破外在条件的束缚直达思想深处，启发我们的教育和教学。倘若我们能时刻用新生活教育理念来指导初中物理教学，我想我们势必会有新发现和新感受，教师也会得以真正成长。

是为序。

黄美芳

2020 年 7 月 1 日写于深圳市宝安区家中

目 录

新生活教育理念下的初中物理教学实践研究综述

一、研究背景

物理是一门与生活紧密联系的学科。

在实际的物理教学中，虽然多数教师已经认识到物理教学生活化的重要性，但是由于长期受到应试教育的影响，为了追求所谓的高分和升学率，在日常教学中仍过于重视概念、规律及原理，导致课堂气氛沉闷。注重物理原理本身的科学性，而忽视学生现阶段的心理特点和理解能力，让原本应该基于生活的物理学科在教学活动中被剥离了生活的“外衣”，变得枯燥乏味。初中物理教学的现状不容乐观，甚至有些教学已经和学生实际生活严重脱节，失去了趣味性、实验性与生活基础。

学习物理的过程不仅是获取科学知识的过程，也应该是提高自身科学素养的过程。2014 年教育部印发《关于全面深化课程改革落实立德树人根本任务的意见》，其中就提到“教育部将组织研究提出各学段学生发展核心素养体系，明确学生应具备的适应终身发展和社会发展需要的必备品格和关键能力”。对于基础教育，发展学生的核心素养是落实“立德树人”以及全面深化教育改革的一项重要举措，而这一举措必须落实到学校课堂教学中去。

物理学科核心素养，是指学生在接受物理教育的过程中所应获得的适应个人和社会发展的必备品格和关键能力，包括物理观念、科学思维、实验探究、科学的态度与责任四个维度。物理课堂作为培养物理人才的主要途径，承担着核心素养培养的重要任务。核心素养的提出，使得初中物理教学的方向，开始向生活方向靠拢。如何在生活实际的环境下，对学生进行初中物理核心素养和态度的培养，成为当前急需解决的问题。近年来，玉龙学校尝试通过开展新生活教育理念下的初中物理教学实践研究，有效地解决了当下物理教学中的很多问题。

二、新生活教育理念下的初中物理教学思考

（一）新生活教育的内涵与外延

生活，是指“人或生物为了生存和发展而进行的各种活动”。生活作为人存在于自然与社会的根本方式，是生命延续与成长的载体。“源”者，“水，泉本也，众水始出为百源”。新生活教育以生活为源，旨在立足生活，把生活作为教育的基础和源头。“用生活来教育，为生活而教育”，教育要源于生活，也要回归生活，服务于生活，为学生的幸福生活奠基是教育的最终目的和旨归。发展是“事物由小到大、由简单到复杂、由低级到高级的变化”，是一切事物存在的根本趋势。“本”者，从木，从下，就是事物的起始和根源。发展为本，指向人的成长和全面发展。在新生活教育理念中，学生能掌握知识，创新思维，发展个性，健全人格，并且获得适应终身发展与社会发展需要的必备品格和关键能力，并最终自主地走向生命的圆满。

无论是从理念的内涵还是外延来看，新生活教育遵循的“生活为源，发展为本”，以事物的发展规律为圭臬，践行生活育人，并旨在培养出具有人文底蕴、科学精神、学会学习、健康生活、责任担当、实践创新素养的社会主义建设者与接班人。

（二）新生活教育理念下“三生课堂”初探

1.“三生”课堂的提出背景

我国“素质教育”的发展要求，学生核心素养“健康生活”的提倡及深圳市培养学生“生活素养”的提出，都在强调教育必须扎根生活。玉龙学校以“生活为源，发展为本”为办学理念，提出“三生”课堂，将“生活、生成、生长”融合一起，促进学生的全面发展。

2.“三生”课堂的基本含义

“三生”指的是生活、生成、生长。“三生课堂”以生活为背景，立足学生本位，主动生成，自主生长，三者之间互相融合，有机统一。其中，生活是载体，生成是过程，生长是目的。

3.“三生”课堂的基本原则

“三生课堂”包括四大基本原则：一是学生主体原则。教学各环节注重开发利用学生的生活经验，提倡自主、合作、探究的学习方式。二是民主开放原则。弹性预设，动态生成，为学生的学习、思维、表达、互动等留足空间，尊重学生的主体性、多元性和独特性。三是活动为主原则。设置情境任务，驱动学习，以各类活动组织教学环节，在活动中完成教学任务。四是学用结合原则。鼓励学生学以致用，在生活中积累和使用知识，发展思维，提升能力。

4.“三生”课堂的实施策略

（1）教学准备

教师备课需要多角度解读教材，充分整合教材及生活资源；精准定位学情，将弹性预设和动态生成有机统一。学生通过预习，利用已有的知识对新的知识进行建构，教师布置课前自主学习单，让学生在自主学习的过程中完成。

（2）课堂教学

自主学习，内驱质疑。在“三生课堂”教学理念中，注重留给学生自主学习的时间和空间。学生通过自主学习，初步建立自身对学习内容的感知，进而利用已有知识对新知识进行内化和重组，建构知识体系。

问题引导，开启思维。“三生课堂”以问题为切入点，引导学生主动思考，解疑释惑。教师根据目标设计有效的问题，切中学生的疑惑点，激发学生求知和探索的欲望，引导学生将问题抽丝剥茧，将大问题统领下的小疑问逐一解决，从而回归到解决大问题，达到预期的教学目标。

合作探究，开放融合。“三生课堂”将个人的自主学习和小组合作学习相融合，合作学习要在自主学习的基础上，学生间分享个人体悟。

交流延伸，多维互动。课堂中教师抛出主问题，学生在已有知识基础上对问题进行思考和分析；以活动为主要形式，活动中小组成员合理分工，组员间认真倾听，彼此鼓励，在交流中学会反思和接纳，重构认知系统。

（3）回归生活

“三生课堂”让教学贴近生活，教师将教学目标转化为学生作为生活主体的内在需要；利用生活资源，创设生活情景，整合教材内容；优化课堂教学手段，培养学生应用能力，帮助学生形成健全人格。

（三）新生活教育理念下的物理教学思考

物理学是一门源于自然和社会实践的科学，是人类对于自然界最基本、最普遍规律的认识和概括。所以物理学科的教学也应该通过自然、生活到物理的认知过程，激发学生的求知欲，让学生领略生活和自然现象中的美妙与和谐，培养学生终身的探索兴趣。

《全日制义务教育新课程标准》指出，义务教育阶段的物理课程的基本理念为：从生活走向物理，从物理走向社会。前者很好地表述了物理知识的建构过程。学生应留心生活中的各种现象，观察并思考其中蕴含的物理规律，对生活的感知由表象转化为内在，最终实现从自然到物理、从生活到物理的构建过程。而后者指明了物理学最终要回归到社会生产和生活实践中，运用所学的物理知识为人类改造自然界服务。只有我们在知识讲授、实验设计和习题编制过程中真正落实好该基本理念，学生才能在学习过程中自觉关心自然、关心社会，在生活中发现物理之趣。

三、新生活教育理念下的初中物理教学具体教学策略

新课程理念强调初中物理教学应面向全体学生，教材要贴近学生生活，教学方式要多样化，设计要注重科学探究、构建多元评价等。此外，新课程改革的目标之一，是在课程实施过程中转变学生的学习方式，以课堂教学方式引领学生的学习方式。因此，新生活教育理念下的初中物理教学应该注重教学的情境化、实验化、信息化和生活化。

（一）物理教学情境化

美国著名情境认知研究专家布朗和科林斯说过：“学习和思维都是基于情境，它们不能孤立地镶嵌在个体的大脑中，而是通过情境中的文化活动或工具发生在人类的大脑中。”从广义上来理解，教学情境是作用于学习主体，产生一定情感反应的客观环境；从狭义上来理解，它是指在课堂教学环境中，作用于学生而引起他们积极学习、情感反应的教学过程。

心理科学认为，人的心理系统可以分为认知系统和情意系统两部分。认知系统包括人的感知、记忆、思维、想象、能力等，情意

系统包括人的动机、兴趣、需要、情感、意志和性格。认知系统起操作作用，情感系统起动力作用。心理学研究表明，人的情感处于积极状态时，思维敏捷、工作效率高。情境教学理论则是把以上心理学原理作为理论基础，充分利用“情”与“境”之间的关系，让学生在实际情境下，进行学习，强调利用生动、直观的形象激发学生的联想，唤醒学生的知识、经验，从而更有效地教授新知识。

在物理课堂中，优质的教学情境能有效激发学生的学习兴趣，调动学生的积极性，提高学生的操作能力，培养学生解决实际问题的能力，同时能激活学生的快乐成分，促进学生乐于课堂，情于课本，所以在物理课堂中，应根据教与学的实际需求选择创设利用各种情境，并优化组合以取得教学的最优效果。

初中物理教学中应该根据知识内容创设情境。例如探究“作用力和反作用力”的大小关系时，教师抛出一个问题：“拔河比赛中，赢的一方是不是拉力更大呢?”学生的积极性在该问题情境中能得到较大的提升。在此基础上，教师可以提前准备，让穿好滑轮鞋的两位同学再现拔河比赛的情景。通过该活动情境加深学生对相互作用力的感性认知，降低学习难点。情境的创设也需要根据学生主体特点进行，加强学生主体的参与体验。例如学习“牛顿第一定律”时，将全班分成两派，一派代表亚里士多德，另一派代表伽利略，就“运动需要力来维持”主题进行辩论，该辩论情境可以加深学生对知识的理解，强化记忆，活跃课堂。

（二）物理教学实验化

物理实验教学是物理教学重要的方法之一，一般分为演示实验、分组实验与课外实验。演示实验是以教师为主要操作者的示范性实验；分组实验是以学生为主体的操作性实验，是学生提出问题、猜想假设、操作测量、记录分析、总结概括的过程，包括验证性实验和探究性实验；课外实验是学生按教师要求或自发进行的课后实验。

《初中物理课程标准》中指出“在义务教育阶段，物理课程不仅应该注重科学知识的传授和技能的训练，注重将物理科学的新成就及其对人类文明的影响等纳入课程，还应注重对学生终身学习愿望、科学探究能力、创新意识及其科学精神的培养”。建构主义提倡学习是学习者在原有知识、经验的基础上主动建构内部心理表征及新意义的过程，而由于个体经验受限，所以在教学中应该加强师生、生生之间的合作交流；此外，学习是以学生的自主活动为基础，教学必须突出学生的主体性。物理实验教学则是实现课程标准和建构主义理论要求的基本途径之一，因此初中物理教学应加强实验教学，增强教师的实验教学能力、提高学生的实验操作能力。

物理实验教学首先实现了教学方式的转变，变结论式教学为过程式教学，变强迫灌输式教学为内在诱导思维式教学，能充分发挥学生的主观能动性，激发学生的学习兴趣，真正落实以教师为辅，学生为主的教学理念。其次，物理是一门实验科学，每个概念和规律的建立都基于坚实的实验基础，实验促进物理学科的发展。因此，将物理教学实验化是学好物理的根本保证。实验教学在培养学生独立性、创造性、科学思维和责任感使命感等方面有明显的优势。

初中物理实验教学首先要落实课本课标要求的各个实验；其次，争取变传统实验的“结论验证”为注重过程的“过程探究”。例如在学习滑动摩擦力的影响因素时，教师将该主题设计成研究课题，通过创设适当的情境，引导学生就“影响滑动摩擦力的影响因素”提出猜想、通过生生互动设计实验方案，理解实验原理“二力平衡”，分组验证假设，并分析现象和数据得出结论，最后反思实验过程，评价并改进设计，解决实验操作难点——匀速拉动物块。最后，实验教学要重视多维评价和过程性评价，细化评价量表，鼓励学生自我评价、小组互评，教师助评，评过程、评结果等，以此促进学生对新学知识的积极建构。

（三）物理教学信息化

新课程理念倡导多样化的教学方式，鼓励将信息技术渗透于物理教学中。物理教学信息化，就是把信息技术、信息资源、信息方法、人力资源和物理课堂教学内容有机融合，共同完成课堂教学任务的一种教学方式。

建构主义学习理论认为“情境”“协作”“会话”和“意义建构”是学习环境中的四大要素，而多媒体技术对创设“情境”、促进“协作”与“会话”，实现认知个体的“意义建构”等学习环境提供了强有力的支撑。20 世纪 90 年代中期以来，发达国家在制定课程标准的同时，制定信息技术整合于课程和教学的标准或规划，把信息技术作为高级的学习工具，倡导课程和技术的整合。

信息技术与物理教学整合能促进物理教学设计、实施及评价的改变；信息技术能优化物理教学，使学生的知识面增多，应用范围和生活的联系也得到拓展；计算机仿真技术、多媒体技术、虚拟现实技术和远程教育等技术能使物理的教学方式、学习方式多样化。总之，信息技术应用与物理教学是物理课程改革的需要，能促进应试教育到素质教育的转变。

初中物理教学中，教师首先要将抽象的物理知识借助多媒体技术直观化，例如：在学习分子的扩散时，利用多媒体动画将该过程放大化，用信息技术模拟分子的运动；在探究电磁铁的磁性影响因素或滑动摩擦力大小的影响因素时，利用数据采集器将磁性或摩擦力大小直接转换成图像或数据呈现在电脑上。其次，利用多媒体技术展示学生日常生活中难以接触的情景，例如：运用信息技术展示宇宙的演化、飞船升空、天体运动等。再者，利用信息技术为学生提供仿真实验室，例如，学习电路串并联或者电路设计时，提供虚拟实验室，引导学生用平板或电脑模拟连接。最后，利用教学多媒体软件辅助教学，例如，利用希沃教学助手、投影仪等将课堂上学生的各项作品及时展示，或将演示的实验放大以便于学生观察。

（四）物理教学生活化

生活化教学是将教学活动置于现实的生活背景之中，从而激发学生作为生活主体参与活动的强烈愿望的一种教学方式。让学生在生活中学习，在学习中更好地生活，从而获得有活力的知识，并使情操得到真正的陶冶。

建构主义倡导在教学中，教师要把学生已有的知识经验作为新知识的生长点，与学生的生活紧密联系。实用主义教育学说指出，教育即生活，教育是生活的过程，是生活的本身，杜威强调教育的目的不仅是满足学生现实生活的需要，还在于未来，创造一种高于现实生活的美好新生活。物理新课程理念之一，即“物理来源于生活，服务于生活”。物理教学作为学生成长中的经历之一，势必依靠学生的生活进行设计和发展，只有基于生活经验的辅助下建构的知识和形成的能力，才能让学生终身受益。

物理课堂生活化能使教学的理想性和活动的现实性保持一定张力，使学生不断地自我否定和超越；能拓宽学生的学习时空，把生活提供给学生体验和理解，用来提高学生主动构建的积极性；基于生活开展的物理教学符合学生的认知特点，把生活问题物理化，把物理问题生活化，能帮助学生更好地理解物理知识。

初中物理教学生活化，在课堂导入方面，教师要根据学生生活经验，寻求利于教学的生活案例，找到学科教学与生活教育的结合点。例如，在学习“光的折射”时，教师可以采用“抓鱼游戏”引入课堂，用竹签代表鱼叉，水槽模拟鱼池，硬币代表鱼儿，让学生多次尝试“捕鱼”，引入课题“生活中捕鱼时应该怎么操作才能捕鱼成功？为什么？”在课堂教学过程中，教师要善于寻求学生对生活现实的体验与教材知识教学的结合点，让学生由直接经验迁移到对教材知识的学习，并将直接经验进行改造。例如，在证明大气压的存在时，让学生现场吸饮料，一瓶密封，另一瓶正常，学生在经历“吸”的过程中理解原有的认知错误，饮料是大气压起来的，而不是吸上来。在课堂的应用方面，教师应尝试布置实践性作业，让学生真正感受知识学习的有用、有趣，促进学生的成长。例如：学习完液体压强，教师可以布置学生设计一个鱼缸排水的方案。

总之，物理是一门以观察和实验为基础的科学。留意生活，观察现象结合生活实际，亲身去感受生活中的物理，引导学生发现物质变化、寻找物理规律、培养学生的物理兴趣，利用课堂上的物理知识，解决生活中的物理问题，增强学生分析问题、解决问题能力，使得枯燥繁杂的物理公式、概念变得生动有趣，培养学生将物理知识运用于生活的习惯和能力，注重了学生的全面发展。

三、研究展望

物理学科的教学是一个复杂的综合体，物理教育中生活化目标的达成同样是一个系统性的综合性工程。教学过程中的每个环节都起着不可忽视的作用。在新课程改革的进程中，多元性、发展性的物理课程评价体系的不断完善，人文精神与自然科学的交融，情感、态度和价值观的培养，都对物理教育生活化进程有着巨大的影响。这就需要我们真正从关注抽象的科学世界回归到直观的社会生活中，从关注物理教学回归到关注学生的科学素养与情感体验之中，从以知识为中心回归到以学生素质发展为中心。使学生在“从生活到物理，从物理到社会”的探究过程中，真正领略到物理世界美妙和谐的科学以及人文内涵。

参考文献：

[1] 国务院教育部制定. 全日制义务教育课程标准 [S]，北京

师范大学出版社. 2001.

[2] 林崇德. 中国学生核心素养研究 [J]. 心理与行为研究. 2017

[3] 石鸥. 核心素养的课程与教学价值 [J]. 华东师范大学学报（教育科学版）

[4] 胡红. 基于生活现象的初中物理核心素养和态度培养策略探讨 [J]. 课程教育研究. 2019

[5] 中国社会科学院语言研究所词典编辑室. 现代汉语词典 [Z]. 商务印书馆，1998

[6] 陶行知. 陶行知教育文集 [M]. 四川：四川教育出版社 2007

[7] 中国社会科学院语言研究所词典编辑室. 现代汉语词典 [Z]. 商务印书馆. 1998

[8] 邢娟. 优化拉丁舞主题情境，促进幼儿全面发展 [J]. 小学科学：教师版. 2016

[9] 沈月华. 情境化教学让中职语文课堂充满生机 [J]. 新课程研究：职业教育. 2013

[10] 邹涛. 基于情境的高校艺术教育研究 [J]. 艺海. 2010

[11] 田庆林. 初中物理八步课堂教学模式 [J]. 实验教学与仪器. 2009

[12] 许国华等. 建构主义在医学实习教学中的应用 [J]. 中华医学研究杂志. 2008

[13] 陈连丰，赵觅. 解读建构主义学习理论四要素——“情境”“协作”“会话”和“意义建构” [J]. 科技创新导报，2012

[14] 杨春生. 构建物理优质课堂的方法与策略 [M]. 光明日报出版社. 2013

《大气压强》（一）教学实录

时间：2014 年 4 月

地点：深圳市玉龙学校微格教室

一、微视频导入，激发兴趣

师：同学们，有人说物理学得好的人会有魔力，不知道你们信不信？如果不信的话，老师在视频里表演两个魔术，你们来看看。

（播放提前录制的气球膨胀实验和喷泉表演实验微视频）

师：实验中，老师完全没有碰到仪器，但是气球就膨胀了、喷泉就形成了，你们想知道老师是怎么做的吗？

生（异口同声）：想。

师：让我们一起走进今天的学习《大气压强》。学完之后，你们来试试是不是也有一样的魔力了。

二、创设情景，引出关注点

师：大家来看你们学过的地球圈层结构图。液体和气体都是流体，生活在水圈底层的鱼受到液体压强，而生活在大气圈底层的我们会受到大气压强吗？觉得会的同学请举手。

（大部分学生举手。）

师：大部分同学都觉得会，那我追问一句，我们平时为什么感受不到大气在压我们？同学们都接触过水，我们并没有像在游泳或在水中嬉戏时感受到液体压强一样，感受到大气压强的存在。这是为什么呢？谁来分享一下？好，你来。

生 1：老师，我觉得大气压强可能比较小，不好察觉。

师：这位同学的猜想有没有可能？

生（部分）：有。

师：是的，猜想得有道理呀。还有其他想法吗？第三组第四排的女生来回答。

生 2：我觉得可能是我们一直生活在大气中，已经习惯了大气压强的存在，如果我们一直生活在水中，也应该不怎么会察觉到液体压强的存在。

师：这位女同学想得有道理吗？

生 3：也是有吧。

师：好，你们来看看老师找的两个例子，看图片，例子一：当深海鱼从深海到陆地，会因为压强不平衡死亡；例子二：当人突然暴露在深海中，也会致命。这两个例子和刚刚哪位同学的想法一致？

生（异口同声）：第二位。

师：我们发现，当熟悉的压强不再平衡的时候，才能观察到压强的存在。因此，我们想研究大气压强，就要制造一个压强不平衡的环境。至于大气压强是大是小，我们得测量才能清楚。

三、新课教学

（一）覆杯实验演示

师：大家看我手上这个水杯，你们会发现里面的水已经？

生（异口同声）：满了。

师：接下来，我把一张纸片放在瓶口，当作盖子，然后把杯子倒过来，你们觉得会怎么样？我看到离老师比较近的同学都往后躲，我来采访一下这几位同学，你们觉得水会倒出来吗？

生4：是啊，老师，那一张纸片有啥用，又不是盖子，你那杯水还是红色的，我们不想被溅到啊。

师：哎，老师怎么会拿水泼你呢，大胆往前坐，最多就湿身而已嘛。

（学生们大笑）

师：有没有同学觉得水不会流出来的？哦，后面的男生。

生5：老师，我看过这个实验，水不会流出来的，因为大气压的作用。

师：谢谢你的观点，你的课外知识很丰富。既然班里有不同的意见，那我们就来实验一下吧。注意，三二一，倒，你们看，水倒出来了吗？

生（异口同声）：没有。

师：唉，这就有意思了，纸片没有掉下来、水没有倒下来，说明有向哪的力在支撑？

生（异口同声）：向上。

师：对，如果没有向上的力支撑，因为重力作用，纸片和水早就掉下来了。那么，观察一下纸片和杯子的下方只有什么？

生（异口同声）：空气。

师：那么这个向上的力就只能是空气提供的，这就是我们要讲的？

生（异口同声）：大气压强。

师：大家继续观察，当老师朝各个方向转动瓶子的时候，纸片有没有掉下来？

生（异口同声）：没有。

师：这说明大气压强在各个方向都？

生（异口同声）：存在。

师：我们再仔细观察一下，为什么在这个实验中，我们能看到大气压产生作用，实验的关键是什么？谁来说一下？好，第二组第一排男生，你来。

生6：老师，我觉得是因为杯子里的水是满的，这样当纸片盖上去的时候，里面的水相当于是被密封的。

师：谢谢你的分享，我们一起来验证一下你的猜想，我们现在把杯子里的水倒掉一些，再试试。注意观察，实验还能成功吗？

生（异口同声）：不能。

师：看屏幕，我们做个简单的分析。当杯子里装满水的时候，我们可以说里面的空气很？

生（异口同声）：少。

师：或者说几乎没有，而外面的空气正常。当杯子里留有空位的时候，里面就有空气，这时候杯子里面、杯子外面都有空气，我们没有看到大气压作用的现象。这说明，我们要制造一个大气压不平衡的环境，来观察大气压，可以用刻意制造一个真空或者空气稀薄环境的方法。

（二）分组设计验证实验

1. 实验准备

师：接下来，我们分组进行实验，老师给每个小组提供了三样实验设备：第一样是两个半球；第二样是底部有孔的矿泉水瓶；第三样是一个注射器。请大家用这三样设备设计实验，验证大气压的存在。每个小组至少完成一个实验，最好能设计出三个实验，最后在记录单上做好记录，哪里是空气稀薄的部位，哪里是正常大气，有什么现象发生，明白了吗？

生（异口同声）：明白了。

师：那现在开始实验。

（学生进行分组实验，教师指导，与各个小组交流）

2. 实验结束，分享与交流

师：各小组整理器材，回到座位，哪个组先来分享一下实验过程与结果？第 2 小组先来。

生 7：我们组第一个做的实验是注射器实验，将注射器的口用手指压住。

师：你们可以当堂边演示边说吗？

生 7：好的。把注射器的口用手指压住，然后像这样拉动注射器，我们发现松手后，注射器会缩回去。

师：你们记录的正常大气和稀薄大气的位置分别是哪里？

生 7：周围的空气就是正常的大气，当我们用手按住注射器，拉动出来的空间，里面是接近真空的，因为原来注射器里面几乎没有空气。这样外面的正常大气就会往里面挤压，让注射器自动缩回去。

师：其他小组有做这个实验吗？做了的请举手，好。你们同意他们的解释吗？

生（异口同声）：同意。

师：他们确实描述得很清晰，非常棒。接下来汇报的小组，请和第 2 小组一样，边讲解边演示实验，把大气压的作用原理表达清楚。有没有哪个小组来分享其他实验？好，你们小组来。

生 8：大家好，我们想分享两个半球吸在一起的实验。我们想把两个半球像这样合在一起。旁边有旋钮，旋转旋钮，这两个半球会往中间挤压，把里面的气体挤出来，这样里面就是一个稀薄大气的空间。因为气体被挤出去了，但是外部的空气还是正常的，所以外面的大气会往里面挤，从而让两个半球紧紧结合在一起，我们两个人很用力也没有拉开。

师：太棒了，你们解释得真到位，我刚刚看到每个小组都很喜欢这个实验，也都成功了。其实这个实验是历史上有名的“马德堡半球实验”。1654 年，马德堡市的市长格里克和助手把黄铜的半球壳中间垫上橡皮圈，然后灌满水合在一起，最后把水全部抽出，使球内形成真空并封上气嘴。用 8 匹马拉也拉不开，直到用 16 匹马才拉开，马德堡半球实验就是大气压存在的很好证据。有没有小组分享一下最后一个实验？好的，第 8 小组请上台。

生 9：老师，我们利用这个瓶盖上有小孔的瓶子设计了一个实验，我们发现，把瓶子灌满水，然后倒过来，水不会流出来。

师：说得很清楚，你们能解释一下吗？

生 9：因为瓶子里装满水，所以可以看成里面几乎没有空气，而外部的空气是正常的，所以大气压会往里面压。

师：好的，其他同学同意这个观点吗？

生（异口同声）：同意。

师：同学们，我们刚刚设计了 3 个实验，结果都能验证一件事情，就是大气压强是？

生（异口同声）：存在的。

师：而生活中因为大强压在大多数情况下是平衡的，所以我们想观察到大气压的作用，需要找一个气压不平衡的情景。

（三）综合测量实验

师：当科学家证实了大气压的存在，不免就会想，大气压有多大呢？

1．托里拆利实验

师：1643 年 6 月 20 日，意大利科学家托里拆利首先进行了一项实验，计算出大气压的大小。我们来看看这个实验的微视频。

师：相信大家看完一定会惊讶托里拆利居然设计了这么巧妙的实验。我们这节课不能使用那么多的水银，有没有其他办法让我们测量大气压呢？

2．大气压强测量实验

师：大家看我手上这个注射器，嘴部已经被老师堵住了，根据刚刚的实验我们知道，这时候拉动注射器然后松手，注射器会？

生（异口同声）：自动缩回去。

师：对，这是因为大气压的存在。而如果我们在注射器上接一个弹簧测力计，拉动弹簧测力计，使得注射器被拉动，最后静止。根据二力平衡原理，注射器受到的大气压朝？

生（异口同声）：内部、左……

师：朝里，而弹簧测力计的拉力朝？

生（异口同声）：朝外。

师：这两个力是？

生（异口同声）：相等的，平衡的……

师：测出了大气压力，我们只要知道什么就可以测量大气压强？

生（异口同声）：受力面积。

师：受力面积是注射器的横截面积，在学案上已经给大家了。大家现在利用这个设备，试一下测量大气压强吧。

师：实验过程比较简单，但请注意操作规范让数据尽量准确。

（学生们分组进行实验）

师：大家算出来大气压了吗？

生（异口同声）：算好了。

师：每个小组分享一下数据，从第一小组开始。

生10：我们小组测量的是：1×10^5 帕。

生11：我们小组测量的是：9.85×10^4 帕。

生12：我们小组测量的是：9.98×10^4 帕。

生13：我们小组测量的是：1.1×10^5 帕。

生14：我们小组测量的是：9.89×10^4 帕。

生15：我们小组测量的是：9.95×10^4 帕。

生16：我们小组测量的是：9.98×10^4 帕。

生17：我们小组测量的是：9.96×10^4 帕。

师：大家测量的数据和正规实验测量的数据 1.01×10^5 帕接近，说明大家实验基本成功，当然我们的设备比较简单，误差会相对大一些。但是，我们要清楚一点，就是用最标准的设备，在不同的地方，大气压也是不同的，这个实验生活中就可以验证，请看老师拍的视频。

(四) 大气压与海拔高度的关系

师：实验过程中，老师是在哪里完成实验？

生（异口同声）：电梯里。

师：而且电梯是往哪里的？

生（异口同声）：上。

师：从 1 层到 30 层向上，谁能来分析一下大气压发生了什么变化呢？好，你来。

生（异口同声）：我发现大气压变小了，因为老师拿的那个仪器的液柱下降了。

师：你能具体说说液柱和大气压的关系吗？

生（异口同声）：液柱就是因为烧瓶里的空气压上去的。

师：我们看到烧瓶是没有装满红色液体的，但是液柱已经出现，说明瓶子里的空气在挤压液体，把它挤上去了。这位同学说得很好，那怎么证明大气压随着高度的上升而下降了呢？

生（异口同声）：因为液柱继续上升，烧瓶是有盖子的，里面的空气不会变多也不会变少，那么液柱上升肯定就是外面的大气压下降了。

师：太棒了，你们的逻辑太清晰了。我们可以这样说，烧瓶里的空气往上挤压液柱，而外面的空气往哪里挤压空气？

生（异口同声）：往下。

师：当液柱上升，说明只能是里面的空气压强变大，或者？

生（异口同声）：外面的空气压强变小。

师：里面的空气被烧杯封住，不会改变，那只能是外面的大气压下降了。所以请大家记住一个规律并在学案上填写，随着海拔高度的升高，大气压强逐渐下降。我们的标准大气压是在温度为 0℃、纬度45度海平面上测量的，也就是海拔为0，而深圳市的海拔高于海平面，这也是刚才同学们测量大气压时，数据普遍偏小的原因之一。

四、课堂小结

师：经过了一堂课的学习，不知道同学们能否解开老师在微视频里演示的魔术？给你们看看完整镜头。同时，老师把设备带到了现场，有没有同学来试着解密？直接上来操作一下。好，最后面的两位同学，你们一起来吧。

生18：老师，只要用这个抽气筒抽气，气球就会膨胀，因为一抽气，气球周围的空气少了，外面的大气压就会把空气挤进气球。

师：大家同意吗？

生（异口同声）：同意。

师：那喷泉实验呢？

生18：下面的管子一漏水，里面的液体就少了，然后气压会减小。

师：等一下，气压为何会减小？

生18：水少了，空间就大了，但是空气还是一样多，所以气压小了。这样的话，外面的大气压就会把水从上面的烧杯挤上来。

师：好，你解释得很棒，看来通过这节课的学习，大家已经对大气压强有了一定的了解，并且能利用大气压强解决生活中的一些问题了，希望大家可以继续完成学案上的练习，取得更多的进步。谢谢大家，下课。

学习元素趣味化的三种尝试

——《大气压强》教学反思

作为物理教师，我刚站上讲台的时候，最怕的便是学生不喜欢物理课，因为物理学科对学生思维能力有较高的要求，并且知识点的记忆不能靠死记硬背，如果学生从一开始便对物理不感兴趣，那么便容易产生畏难情绪，学好物理更无从谈起。因此我们需要激发学生兴趣，提高学生的学习积极性，构建活力高效的课堂。

那么到底该如何激发学生对物理的兴趣呢？我和其他老师就该问题一起讨论过很多次，大概达成以下几点共识：首先，风趣幽默的教学语言以及贴切的肢体语言能够大大拉近与学生之间的距离。此外，一节有趣的物理课必须要包含精彩的实验环节，直观的视觉冲击会更容易抓住学生的注意力。最后，通过形象生动的课堂情境降低学生学习的难度。但是我认为只有这些还远远不够，我们也需要注重学习元素趣味性的挖掘，例如经典物理学史或实验素材的选择和导入、生活情景的设定以及自主探究环节的设计等。只有将物理的魅力与乐趣展现给学生，才能起到寓教于乐的效果。本文以《大气压强》为例，对物理课堂学习元素趣味化实践做了如下尝试：

一、趣味性素材的导入

苏霍姆林斯基说过："在人的心灵深处都有一种根深蒂固的需要，这就是希望自己是一个发现者、研究者、探索者，在儿童的精神世界里，这种需要特别强烈。"可见，学生的内心深处总是充满探索新知的欲望[1]，在物理教学中，利用趣味性素材抓住学生的好奇心十分关键。在《大气压强》一课中，我在课堂引入的部分，给学生展示录好的气球膨胀实验和喷泉实验，并给视频配上字幕和悬疑感很重的音乐，营造一个悬疑魔幻的气氛，让学生看得大呼过瘾，一下子点燃了他们解密的欲望。这说明学生对新鲜事物具有强烈好奇心，我不禁反问站在讲台上的我们，对物理的探究是否还保留最初的好奇心呢？能否带着这份好奇心多去挖掘一些新鲜的趣味素材呢？以经典的气球膨胀实验和喷泉实验为例，我先录好视频让学生观察，设定了探究大气压强的问题情境，然后把动手解密的机会留给学生，从而大大提高课堂的趣味性。另外，采用视频演示的方式大大节约了上课时间，让学生在后面的自主探究环节可以处于一种轻松愉悦的学习节奏中。通过视频导入设疑，动手解密收尾的方式，使课堂设计达到了前后呼应的效果。在学生最期待的部分结束学习的内容，很大程度上会激发他们的好奇心，从而提高他们对后面教学环节的期待。

另一方面，物理学史是人类科学发展进程中留下的十分宝贵的财富，在授课时适当穿插有趣的物理学史，既可以激发学生的好奇心，又可以培养他们的兴趣和能力，增强他们的责任感和使命感。我在请学生交流分享实验想法环节时发现，有一组学生的实验设计思路与“马德堡半球实验”相同，我在表扬肯定他们的同时，给他们穿插讲述了17世纪的经典实验：

1654年，马德堡市的市长格里克和助手把黄铜的半球壳中间垫上橡皮圈，然后灌满水合在一起，最后把水全部抽出，使球内形成真空并封上气嘴。用8匹马拉动也拉不开，直到用16匹马才拉开，马德堡半球实验就是大气压存在的很好证据。

学生们听得津津有味，在感受到趣味性的同时也体验到了解决物理困难时的喜悦，这种喜悦有助于强化战胜困难的信心和决心。

总之，物理相关的经典实验和学史素材本身是经典有趣的，但是呈现的形式需要教师精心安排。随着科学技术的发展，有些素材已经有些过时，我们需要筛选那些与学生生活联系密切，符合新课程标准的素材。这就要求我们教师也需要保持对物理学习和教学的热情，真正成为学生发展道路上的引领者和促进者。

二、贴近生活的情境

在《大气压强》一课中，多数时候，老师们会让学生观察、体验各样大气压强的现象，确认大气压的存在。虽然课程结束后，学生对于大气压的各种现象的确了解了很多，但依然不明白大气压是如何时时刻刻都在我们身边发挥着作用的，换言之，学生并没有意识到大气压是一个紧密联系生活的物理概念。这里面暗含的核心问题就是“为什么我们在生活中没有感受到大气压的存在”？所以在《大气压强》一课中，我在正式带领学生认识大气压之前，让他们经历了如下过程：1. 类比液体压强，人浸在液体里是能感到液体压强的，那么气体和液体都属于流体，人浸在气体里，会感受到气体压强吗？把陌生的气压和熟悉的液压做一个类比，可以减低学生对大气压的“陌生感”。2. 在对学生提问“为什么我们在生活中没有感受到气体压强”后，让学生观察两个极端的例子：带鱼从海里到陆地会死亡；人从陆地到深海也会受不了水压。通过这两个例子来引导学生关注到压强的变化，只有压强的平衡被打破时，我们才能清晰地感受到大气压。那么这一节课，在我们观察大气压的过程中，需要注意围绕压强是否平衡的角度进行，这样一来学生对大气压的产生才算“知根知底”，才能自觉地把生活经验和大气压强结合起来。3. 自主设计实验的过程中，我要求学生在表格里填上“哪个部位为正常大气压”“哪个部位的空气较为稀薄”以提醒他们去创设一个气压不平衡的环境。主动结合实验设计方案，把大气压的存在和作用原理深深地刻在学生脑海中。

在这一课中，我很好地解决了“为什么我们在生活中没有感受到气体压强”这样一个日常生活中的问题，这恰恰也是学生疑惑的难点问题。通过对自然、生活到物理规律的认知，把抽象复杂的物理问题变得简单有趣，从而激发学生的求知欲。在讲述物理知识的同时，可以对生活经验、生活态度进行培养，有利于良好生活价值观的形成。贴近生活的问题情境的实质是使整堂课的效果变得截然不同，学生的学习感受也将不同。这也让我们明白，教学设计从学生易于理解的生活角度出发是如此的重要，这样，学生会在学习的过程中自觉关心生活、关注社会，主动体会到物理知识的应用价值。

三、开放的自主探究

有效的教学活动不能让学生机械地对知识进行模仿和记忆，需要通过自主探究和动手实践等教学环节把课堂还给学生，激发学生的学习兴趣，让学生成为探究的主体、课堂的主人。虽然在自主探究过程中把时间、空间还给学生，但开放式的自主学习仍需合适的教学设计方法。教师作为课堂的引领者，我们应该思考怎样的教学方法才能更好地服务学生，让学生学习参与度最大化，从而构建有趣高效的物理课堂。我认为自主探究环节必须包括：创设情境、问题引导、合作探究、交流互动等四个基本环节。通过创设情境，激发学生的探索欲望；通过问题引导，切中学生的疑惑点；通过小组间的合作探究，进一步将问题细化，以活动为主要形式，将疑问逐渐解决；通过交流互动，学会反思和接纳，从而重构认知系统。

在《大气压强》一课中，新课教学部分的第一个实验是覆杯实验，这个实验比较简单但是启发性较强，所以我将其设置成一个演示实验，为接下来的分组实验创设情境。有时候我们的实验设计的想法很美好，但也要考虑学生是否需要一定的指引才能更好地进行探究。我们在教学过程中会发现，分组探究学习容易产生一种现象：学优生把控了整个小组的节奏，学困生从思维到动手都会慢一步，这样反而逐渐拉大了学生之间的差距。为了尽量避免这个弊端，需要我们在实验之前给学生一些引导，演示实验就是带领学生熟悉接下来分组实验的过程，让更多的学生能真正参与到分组探究实验中。这就意味我成为学生们“玩”物理的引路人，只有预先传授给他们一些基本知识与技能，他们才会在物理研究之路上玩得更好更尽兴。通过演示引导学生分析经典的“覆杯实验”，重点要学生说出哪里的气体变化了，哪里的气体没有变化，导致了气压不平衡，从而分析出纸片和水的受力情况。通过这个范例不仅可以让学生明白大气压强的基本特点，也可以让学生熟悉大气压强作用的分析过程，引发学生主动思考，从而为自主设计实验打下基础。

在小组合作探究过程中，我给每个小组提供了三样实验设备：第一样是两个半球；第二样是底部有孔的矿泉水瓶；第三样是一个注射器，让学生用这三种装置自主设计实验、验证大气压的存在。每个小组至少完成一个实验，最后在记录单上做好记录，哪里是空气稀薄的部位，哪里是正常大气，有什么现象？初中阶段的学生想象力丰富，有很多天马行空的想法，他们在自主探究过程中，发现问题更贴近实际思维，充分发挥了自身的主观能动性。实验结束后，我让小组进行了展示与分享，并对比较重要的知识点进行讲解和强调，对十分具有创造力的想法进行表扬。在这个过程中，学生会享受他人赞赏对自身的肯定，进而转化为一种内驱力和信心，投入到新的知识和学习中。另一方面，在他们自主探究过程中，极大地锻炼了创造意识、探究精神和实践能力。

曾听到这样一段话，对我有很大的启发：“学生学不会物理，就觉得物理没有意思，但为什么很多学生不懂音乐理论却很喜欢听音乐呢？”这说明学习物理和欣赏物理是没有必然联系的。就算有一个学生真的缺乏物理学习的天分，但不一定妨碍他像欣赏音乐一样欣赏物理，这需要我们把握教学的“艺术”，挖掘物理课堂的趣味化学习元素，让学生真正领略物理学科的趣味与美妙。

参考文献

[1] 邵宏艳. 浅谈利用学生的好奇心进行创新教育的策略 [J]. 阅读与鉴赏旬刊, 2011, 000 (008): 31 -31.

《大气压强》（二）教学实录

时间：2014 年 4 月

地点：深圳市玉龙学校微格教室

一、创设情境，导入新课

师：同学们好，我这里有一个听话的壶，我让它流水，它就流水，让它停，它就停，同学们信不信，想不想看？

生（异口同声）：想。

师：注意看啦，流（如图 1），停（如图 2），流，停。为什么这个瓶子这么听话呢？学完这节课，请同学们自己来解答。

图 1

图 2

二、演示实验，感知气压

师：同学们，液体由于受到重力作用且具有流动性，所以对浸在它里面的物体会产生压强，那么，气体对浸在它里面的物体是否也有压强呢?

生1：有。气体也受重力，而且也有流动性。

师：怎么证明呢？我们来看一个实验，我这里有一个杯口光滑的杯子和一张硬卡片，现在我把卡片放在杯口，倒置放手，同学们看一下卡片的运动状态？

生2：卡片往下掉。

师：嗯，在重力作用下，卡片会掉下。现在我把杯子装满水，同样把卡片放置在杯口，倒置，同学们注意观察卡片的状态。

生（异口同声）：没掉。

师：我改变杯口的方向，向左、向后、向右、向前，还是没掉，为什么呢？我们请同学对卡片进行受力分析。

生3：卡片受到重力、水对卡片的压力。

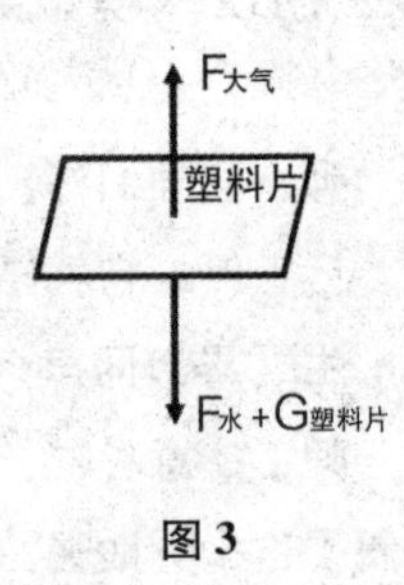

图3

师：如图3所示，重力和水施加的压力方向均是竖直向下，卡片没有下掉，说明卡片还受到竖直向上的力，这个力只能是谁给的?

生（异口同声）：空气。

师：这就证明确实存在大气压强，而且向各个方向都有。同学们再来看一个实验。

（播放“瓶吞鸡蛋”视频）

（学生观看视频）

师：煮熟剥壳的鸡蛋比瓶口大，手压都没法把鸡蛋压进瓶口，为什么把点燃棉花扔进瓶中，迅速把熟鸡蛋放置瓶口，鸡蛋反而自己就被吞进去了呢?

生4：瓶内空气受热膨胀，空气少了，就被外面的大气压压进去了。

师：受热膨胀，空气在膨胀，气压不是应该更大吗?

生5：但是空气跑出瓶外一些，呃。

师：没错，空气是跑出来了，所以迅速把鸡蛋放在瓶口，过一会儿瓶内气体温度变低，气压变低，鸡蛋就被外面的大气压进来了。该实验再次证明确实存在大气压强。这位同学分析得非常到位，非常棒，奖励你一杯果汁（如图4），来，面向全班，把果汁喝了，我是奖罚分明之人。

生5：喝不上啊。

师：大力点，不用害羞。

生5：老师，你在开玩笑吗？还是很难啊。

师：好了，不开玩笑了，给你这瓶（如图5），再喝一次。

图4

图5

生5：好喝。

师：为什么你一开始吸不上来呢？请同学们观察一下两瓶果汁有什么区别？

生6：一瓶瓶口封住了，另一瓶没有。

师：还有什么区别吗？

生7：一瓶的果汁装满，另一瓶没有装满。

师：有没有谁能试着分析一下，到底平常我们是怎么喝到果汁的？

生8：就嘴巴吸上来的。

师：那为什么第一次吸不上来，力气不够大吗？

生 9：我觉得不是吸上来的，应该是我们吸管子时，管中空气变少，气压就变低了，瓶中上方的空气把果汁压进管中，所以就喝到果汁了。

师：所以你认为是空气压上来的，同学们更认可哪位同学的观点？

生 10：第二位。

师：由此说明果汁是被大气压上来的。再次证明大气压强的存在。由于大气受重力作用，且具有流动性，大气对浸在它里面的物体也会产生压强，这叫大气压强，简称大气压或气压。请同学们举例说明生活中还有哪些现象能证明大气压的存在。

生 11：吸盘。

师：很好，你能和大家解释一下吸盘是怎么粘在墙上的吗？

生 11：用力挤压，把里面的空气排出，外面有大气压着，就固定在墙上了。

师：还有其他生活中的例子吗？

生 12：拔罐，把罐子里面的气体抽出来时，肉会被外面的大气挤进去，就出现一个个肉球。

师：很好。其实，除这两位同学所述之外，像钢笔笔芯吸墨水，我们不断按压，排出里面的空气，放手后，墨水就会在大气压的作用下进入笔芯；还有生病时打点滴，实际上也利用大气压。还有许多其他例子，同学们平常要注意留心观察。

三、层层挖掘，测量气压

师：平常我们把吸盘挤压粘在墙上，可以挂不同的东西，同学们有没有思考过到底它能承受多大的重量呢？换而言之，大气压到底有多大呢？我这里也有两个吸盘，我们尽可能地挤压排出这两个吸盘中的空气，我请两位同学上来，试着拉开这两个吸盘，谁愿意？

（两位学生拉吸盘，其他同学加油。）

师：马步站稳些，再来。

（两位学生再次尝试。）

师：班里面谁的力气自认最大的，上来试一下。

（学生们再次尝试。）

师：同学们无须丧气，由此看来大气压还蛮大的。1654 年，在德国马德堡市，奥托格里克把两个半铜球对放，将铜球里的空气抽掉，用马来拉这个铜球，同学们知道，最终用了几匹马，才把这两个半球拉开吗？16 匹马啊，可见大气压真的很大。

师：那大气压到底有多大呢？请同学们按照桌面给大家提供的器材，联系我们之前学习的压强公式和液体压强公式，分组讨论并设计实验方案。

（器材 2 组：1 组包括轻质吸盘、玻璃板、弹簧测力计，另 1 组包括试管、水槽、水。）

（学生设计实验。）

师：请器材 1 的小组分享一下你们的实验方案。

生 13：我们可以把吸盘按压在玻璃板上，用弹簧测力计拉吸盘，测出拉力和吸盘的面积，采用压强公式就可以求出大气压强（如图 6）。

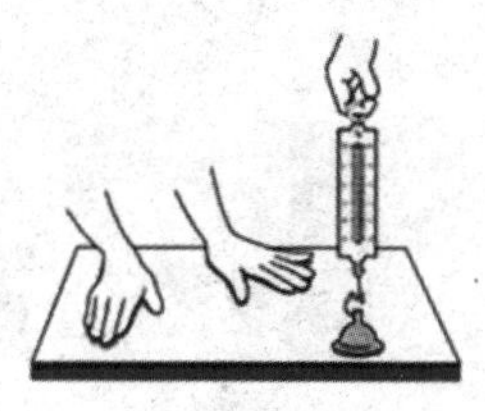

图 6

师：为什么你们认为弹簧测力计的拉力就是大气压力呢？请你对吸盘进行受力分析。

生 14：吸盘受到大气压力、重力、支持力、弹簧的拉力。

师：因为给大家提供的是轻质弹簧，我们可以忽略重力的影响，那么拉力在什么情况下才能等于大气压力？

生 15：没有支持力，就是刚拉开那个瞬间。

师：非常好，其他小组觉得这个方案怎么样？

生 16：很难观察拉开那瞬间的拉力，测量结果没那么准确。

师：是的，这一瞬间确实很难观察到。另外，吸盘中的空气其实也没办法完全排干净，所以误差还是比较大，那么你们有更好的测量方案吗？器材 2 小组的同学，你们有什么发现？

生 17：我们把试管倒扣在水槽里，装满水。发现把试管往上提时，试管里的水不会流下（如图 7）。我们猜想是大气把水托住了，因为只要把试管拉离水面，或倾斜漏气，里面的水又掉下来。

师：你们的观察很入微，那如何测量大气压呢？我们一起来分析，先把试管口倒扣在水中，假如现在有个抽气机，我们把试管中的空气抽掉，变成真空状态，会有什么现象？

生 17：试管中的水会被大气压上来（如图 8）。

师：很好，水柱会被压多高呢？

生 17：试管中水柱给 A 点的压强等于大气压强时就不会升高了（如图 9）。

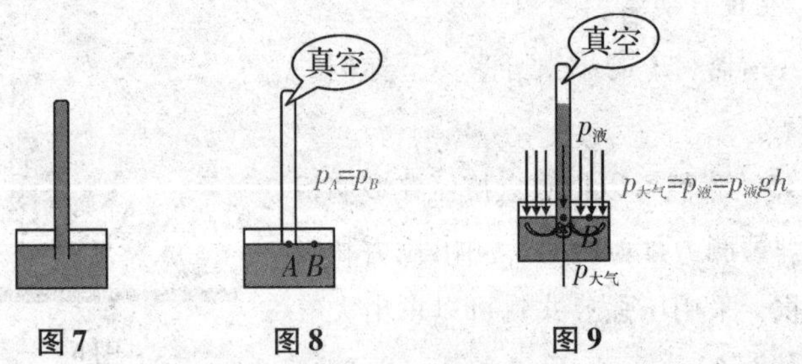

图 7　　图 8　　图 9

师：所以我们就把测量大气压转换成测量水柱对 A 点的液体压强，那么大气压到底能托起多高的水柱呢？我们来试一下，这是一条 50cm 长的玻璃管，我们在里面装满水，把空气排尽，倒扣在水槽液面中（如图 10）。大家观察一下，试管中水面变化。

生 18：没有明显变化。

师：说明大气压托起的水柱可以更高，我们换一个 1m 长的玻璃管试一下（如图 11）。还不够，我再换一个 2m 的试一下（如图 12），还是不够。玻璃管是可以做得更长，但是教室层不够高啊，到底大气压能托起多高的水柱呢？请大家移步操场。

（教师课前将11米长左右的水管固定在教学楼某一面墙壁，打开气阀，采用抽气机将水管中空气抽离，打开水阀，演示大气压强托起的约10米高水柱。）

（学生观察实验。）

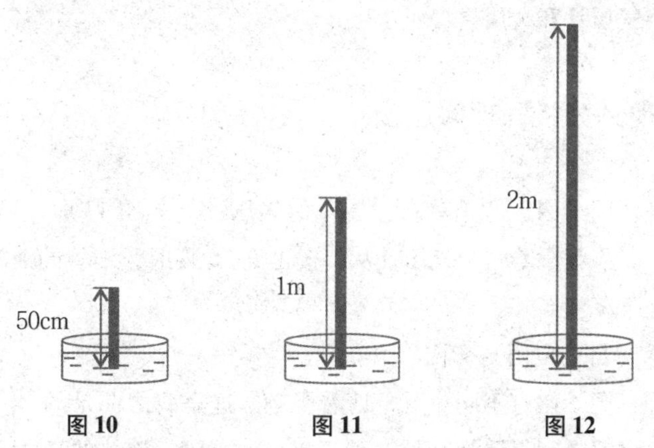

图 10　　**图 11**　　**图 12**

师：虽然实验相当刺激，但是这个水柱太高了，测量较为复杂，同学们能不能结合液体压强的测量方法改进实验呢？

生（争相回答）：换一种液体。

师：非常棒，你们就是当代的托里拆利。请大家回到教室，我们一起观看托里拆利是怎么完成这个实验的。

（学生观看托里拆利实验视频）

师：请同学们回顾刚才的视频，回答以下几个问题。

师：（1）玻璃管倾斜时，水银柱高度变化吗？

生（异口同声）：不变。

师：（2）选用粗细不同的玻璃管时，水银柱高度变化吗？

生（异口同声）：不变。

师：（3）将管上提或下压，管内外水银柱高度差变化吗？

生（异口同声）：不变。

师：（4）若管内混有少量空气，会影响水银柱的高度吗？

生（部分）：会，水银柱会变低。

师：我们把能托起 76 cm 高水银柱的气压称为一个标准大气压，$P=\rho_{液}gh=1.36\times10^4kg/m^3\times9.8N/kg\times0.76m=1.013\times10^5Pa$，在粗略计算中，一个标准大气压可以取 1×10^5Pa。生活中常见的气压计有水银气压计和金属盒气压计。

四、视频分析，理解压变

师：同学们，这是我自己制作的气压计（如图 13）。同学们猜想一下，当我拿着这个气压计从 1 楼走到 30 楼时，细管的液柱是升高还是下降？

生（自言自语）：升高/下降。

师：同学们有不同意见，请看视频。这是我之前录的视频，拿着自制气压计从低楼到高楼，大家留意液柱的高度变化。

图 13

生 19：液柱上升。

师：液柱上升，说明外界气压变低还是变高？

生（异口同声）：变低。

师：由此可知，海拔越高，气压越低。大气压与海拔高度有关。海拔 3000 m 以内，每升高 10 m，大气压降低 100 Pa。那大家能解释为什么高原上会出现饭煮不熟的情况吗？我们再来看一个视频。

（学生观看视频）

师：停止加热，烧瓶中的水停止沸腾，水温也随之降低，当用注射器往外抽气时，我们发现水又重新沸腾起来了，这到底是为什么呢？往外抽气时，瓶中气压发生什么变化？

生（异口同声）：变低。

师：此时，水又沸腾，说明什么？

生（异口同声）：水的沸点降低了。

师：这说明沸点和气压有关，气压越低，沸点越低。所以海拔上的饭为什么煮不熟呢？

生 20：因为海拔高的地方，气压比较低，沸点就比较低，所以不到 100 摄氏度，水就沸腾了，饭菜就不熟。

师：非常好，怎么解决这个问题呢？

生 21：用高压锅。

师：很好，大气压除了和海拔高度有关，还和天气季节有关，一般空气的水蒸气含量越大，气压越低。所以晴天气压一般比阴天气压高，冬天的气压要比夏天的气压高。

五、课堂小结，方法提升

师：现在同学们谁能解开课前谜题呢，为什么这瓶子那么听话呢？给大家点提示，大家看看这个瓶底。

生 22：有个小孔。

师：没错，课前我在瓶底中间钻了一个小孔，同学们知道我是怎么指挥瓶子流水与否的吗？思考一下。

生 23：老师用手指堵住孔时，水被大气压托着，掉不下来，手指移开时，上下都有大气，气压相等，水在自身重力作用下就往下流出来了。

师：非常聪明。最后，请同学们回顾一下，这节课我们都学了些什么内容？

生 24：用实验证明大气压的存在。

师：哪些实验？还记得吗？

生 25：覆杯实验、吞鸡蛋。

师：那果汁是吸上来的吗？

生 25：是大气压上来的。

师：还有吗？

生 26：通过托里拆利实验测量大气压的大小，约为 1×10^5Pa。

师：还有吗？

生 27：大气压和海拔高度、天气都有关。

师：很好，沸点也和大气压有关。这节课我们主要就是通过实验证明大气压的存在，也通过不断优化的实验，最终测得了大气压的大小，还了解了大气压的变化。这个过程，我们经历了多次推理和转换，希望同学们的思维能力也有所提升。这节课就上到这里，下课！

核心素养视角下的初中物理“压强”单元情境化教学

摘要：情境教学对培养学生的学科核心素养具有关键作用，本文尝试以压强单元为例，通过创设问题情境、实验情境、模拟情境、生活情境等多种情境，让学生在各种情境中边体验边构建，以期在学生核心素养的培养上给予一线教师启发。

关键词：核心素养；压强；情境教学

《普通高中物理课程标准》的实施建议中指出，情境进行教学对培养学生的学科核心素养具有关键作用[1]。物理观念的形成基于情境，物理思维的激活源于情境，探究能力的发展借于情境，科学态度与责任的培养需要生活情境，情境教学贯穿物理教学全过程。《压强》单元是人教版八年级物理第九章的内容，本单元是初中物理力学的重点，在教材中处于承上启下的作用。压强概念是在力、弹力、重力等知识和学生熟悉应用控制变量法、比值定义法等方法基础上建立起来的，同时也是掌握浮力和阿基米德原理的关键。本单元中涉及的多数物理观念需在对客观事实、生产生活的观察分析中，通过类比、推理等严密的逻辑思维，结合运用科学探究方法等基础上构建而成。然而该单元知识较为抽象，学生对压强的原认知和感性经验较缺乏，错误前概念反而较多。因此，本文旨在以压强单元为例，通过不同的情境教学，启发学生在不断的认知冲突及自主体验中建构新的认知图式，提升学生的核心素养。

一、创设问题情境，促建物理观念

问题情境是指个体面临的问题和它所具有的相关经验所构成的系统。有效的问题情境能引起外部问题和学生内部知识经验的冲突[2]，而且冲突是恰当有效的，既无法轻易解决，又必须在学生的最近发展区中。通过情境，创设问题，应该以引起学生最强的思考动机和最佳的思维定向为准，特别在课堂的导入中，情境创设是基础，问题提出才是教学的核心，教师要设置问题情境，提供基本的知识储备，让学生在情境的交互作用下，产生问题意识，建立问题的初始状态，从而激发起学生的探知欲望，学习兴趣。

例如，在液体压强的引入中，笔者准备相同的两个保鲜袋，其中一个装红墨水，简称袋1（尽可能装满）（如图1）；另一个保鲜袋，简称袋2，放置在自制的盛水装置（如图2）下端，请一位高大的学生高举盛水装置，另外两个学生，一个站在凳子上，把袋1的水倒进盛水装置，另一个蹲在地上，用袋2接着软管，捏紧袋口（演示前将袋2放水里沾湿，挤出空气，减少空气带来的影响），可以发现相同多的水从高处下落能冲破相同的另一个保鲜袋。由此引入主题“液体压强”，紧接着让学生每人手套一个保鲜袋，伸入装水圆筒中，感受液体压强。

图1

图2

创设“水破保鲜袋”的问题情境：首先，注意力能瞬时集中到保鲜袋的状态上；其次，保鲜袋破裂，水柱喷射的视觉效果非常强烈；再者，相同质量的水从高处注入，为什么能冲破保鲜袋呢？这个问题对学生的原认知起到一定的冲击作用。该问题情境有效地引起学生的探究欲望。生活中除了游泳，学生对液体压强的感性体验比较少，对液体压强这个概念及其产生的原因和影响因素则更加陌生，这个情境也为后面探究液体压强的影响因素——深度，奠定基础。紧接着，学生带上保鲜袋将手伸入水筒中，体验感受液体压强的存在，能够把学生已有的认知逐渐物理化，为后续把学生的生活经历过渡到物理认知层面，再通过物理反过来认知生活，从而形成更为准确的物理观念。总之，教师在每节课开始或者每个课堂环节前都应该有意识创设问题情境，让学生带着问题学习，能有效促进学生思维活动，提高课堂效率。

二、开展实验情境，促进科学探究

物理实验是物理学科的根基，是发展学生科学探究能力，激发学生学习兴趣的重要载体。物理学以观察、实验为基础，而观察、实验以体验、操作为本源，即物理学科的实验性特点要求学习者进行情境学习，因此物理课堂应该重视实验情境创设。物理实验情境创设是指教学中，创设适宜的物理实验环境，力求使探索始于真实和接近学生所处的真实环境，促使学生在真实的物理实验情境中，经历科学家类似的探究过程，将感性认识升华为理性认知[3]。在开展实验情境中，创设的实验情境给予学生大量感性的材料，有助于提高课堂的探索性和实践性，能够启发学生思维。实验设计应严密科学，实验现象要直观清晰。

例如，在测量大气压的教学中，笔者首先组织学生体验“马德堡半球”实验，定性感受大气压很大。继而，组织学生自主选择器材（器材2组：1组包括轻质吸盘、玻璃板、弹簧测力计；另1组包括试管、水槽、水），结合已学的压强公式和液体压强公式，分组讨论并设计实验方案，进行实验。器材组1的小组实验方案大多是把吸盘按压在玻璃板上，用弹簧测力计拉吸盘，测出拉力和吸盘的面积，采用压强公式测量大气压强（如图3），笔者通过师生对话启发学生认识该实验方案中由于吸盘自身重力、吸盘内部残留的空气以

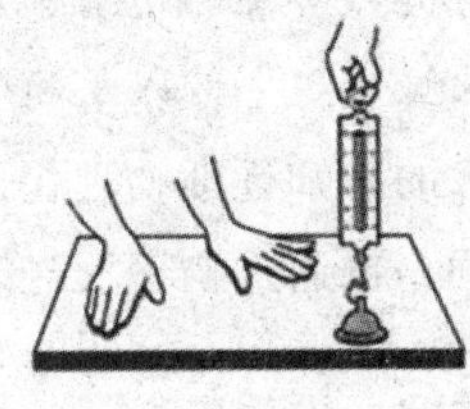

图3

及弹簧测力计读数误差的存在，实验测量结果较为粗略，引导学生思考更精确的测量方式。选择器材组2的小组多数能发现把试管倒扣在水槽里，装满水，往上提时，试管里的水不会流下（如图4），把试管拉离水面，或倾斜漏气，里面的水又掉下来。笔者在此基础上采用假设法，引发学生思考，假如把试管口倒扣在水中，利用抽气机把试管中的空气抽调，变成真空状态（如图5），会出现什么现象？当学生意识到大气压能将水压入试管时，笔者则提出新的问题：大气压能托起多高的水柱，结合图6分析并将测量大气压的大小转换成测量水柱对A点的液体压强。接着，笔者出示长度为50cm、1m、2m的水管，逐一将试管装满水倒扣在水槽中（如图7、图8、图9），引导学生观察水柱一直填满试管。再接着，笔者带领学生移步操场（课前准备11米左右的水管固定在教学楼某一面墙壁），打开气阀，采用抽气机将水管中空气抽离，打开水阀，演示大气压强托起的约10米高水柱。最后，引导学生简化实验，换种液体，播放托里拆利实验视频。

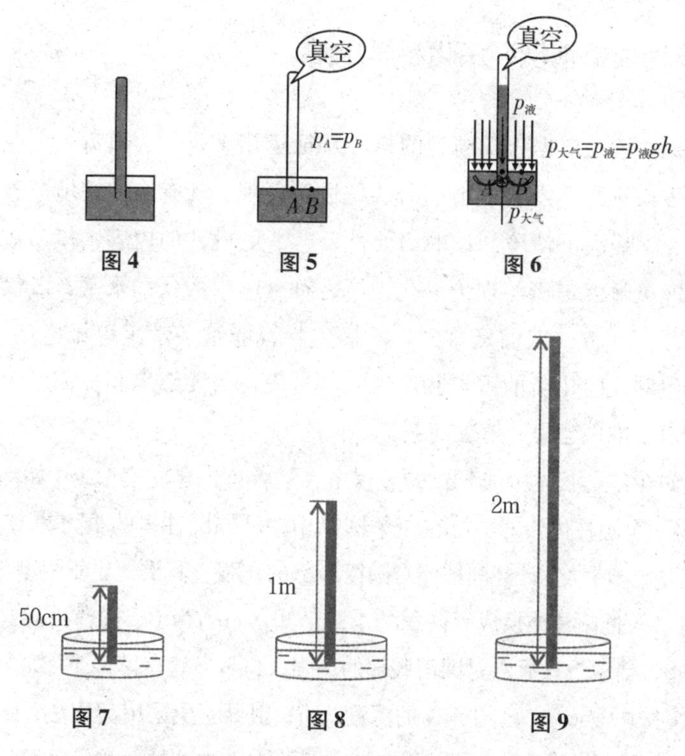

图4　图5　图6

图7　图8　图9

大气压到底有多大，学生的切身体验非常缺乏，教材通过介绍托里拆利实验直接给出测量结果，简化了许多的思维过程，为了显示科学家探究的全过程，彰显本节课的科学价值。笔者开展了大量的实验过程，学生体验实验、学生设计实验、教师演示实验、师生共析优化实验，水管从50cm到11m逐步递增；换用密度较大的液体水银。学生的思维紧凑活跃，实验环境灵活多变，课堂气氛轻松愉悦，学生的探究能力也得到较大的提升。学生天生爱“动”，所以教师要善于用“动”引发学生思维，除了演示实验、视频实验，更需要重视“学生分组实验”。

三、设计模拟情境，深化科学思维

模拟情境是根据教学内容的核心特征运用多媒体、模型、角色扮演等手段对教学内容中出现的事物进行复现，既有实体情境的教学功能，又提高了情境创设的简便性[4]。情境设计的内容，模型应注意将深奥晦涩难懂的理论显化，使之符合学生的认知水平，既简洁直观，又具备一定的疑难性、不确定性，能给予学生思维空间，方便学生顺应同化新的观点和原理。该过程还需要锻炼和提高学生类比分析、推理建模、解决问题等各项能力。

例如在建立液体压强公式的过程中，笔者首先建立模型1（如图10），将一个圆柱体恰好套放在一个圆筒中，已知圆柱体的重力为G，底面积为S，请学生计算圆柱体对圆筒底部的压强；其次，建立模型2（如图11），把圆柱体换成等体积的水，已知水重力为G，圆筒内部底面积为S，请学生计算水对圆筒底部的压强；再者，建立模型3（如图12），取水中某点A，已知点A的深度为h，引导学生采用类比法，结合模型1、2，将求解A点的压强转换成求A点上方液柱对整个底面的压强；最后，建立模型4（如图13），取任意截面S，要求学生根据已知条件及问题提示（5个问题提示：1. 这个水柱的体积是多大？2. 这个水柱的质量是多大？3. 这个水柱的重力是多大？4. 这个水柱施加压力是多大？5. 底面S受到的压强是多大？）推导A点的压强公式。

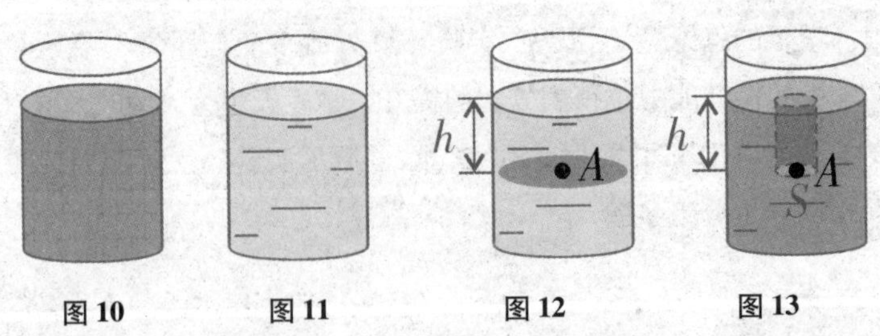

图10　图11　图12　图13

液体压强公式的推导是本章的难点之一。传统教学中，多数教师会结合图13直接进行推导分析，学生不清楚为什么建立水柱模型，对推导过程的印象也比较模糊，因此在公式的应用存在较大的阻碍。笔者首先建立学生熟悉的固体圆柱模型，继而建立液体水柱模型，再缩短水柱，启发学生采用类比方法，将求解A点的压强转换为求解水柱对底面积的压强，最后建立A点任意横截面积的水柱模型。模型从特殊到一般，层层深入，有效分化该难点，整个情境运用了奥苏伯尔的同化论，以固体压强公式作为先行组织者，同化新材料液体压强公式，利用知识迁移，同时渗透了类比、转换、建模等多种物理方法，较好地深化学生的科学思维。最后，提供问题支架，让学生自己推导液体压强公式，真正落实“以学生为主，教师为辅”的教学理念。

四、联系生活情境，培养科学态度与责任

新课程理念提倡“从生活走向物理，从物理走向社会”，呼吁教学回归生活。物理教学内容应该和现实生活联系，让学生通过学习生活中提炼的物理观念，感受生活化的物理学科。学生的学习内容和学生熟悉的生活情境越相似，学生主动建构知识的程度就越高，所以教师应该采取生活化的形式来帮助学生内化物理概念。生活情境是以学生的生活为素材，创设一种真实或模拟生活的情境，让学生通过对具体情境的学习，体验物理的现实价值[5]。教学中创设生活情境必须尊重学生的生活经验和认知水平，应该激发学生思维的积极性，辅助学生在现实情境中去发现、探索和解决问题。

例如，在“流体压强和流速的关系”应用教学中，笔者首先和学生讲述“鄂洛多克小站的故事”：

1905年冬天的一个早晨，俄国沙皇派往西伯利亚的一位钦差大臣，将要乘火车经过一个名叫鄂洛多克的小站。站长沃尔伦斯基，

一大早就率领全站职工排列在铁道两旁，恭候钦差大臣的到来。没多久，列车在汽笛声中风驰电掣般地冲进了由38名铁路员工组成的“人巷”。离列车很近的人们刚要举起手中的花束欢呼时，突然，所有的欢迎者都像是被人从背后猛推了一下，纷纷不由自主地向前扑倒下去……结果，这“魔鬼般的黑手”，造成了4人终身残疾，而包括站长在内的其余34人全都成了滚滚车轮下的冤魂！奇特的惨案发生后，地方法院开始调查案事件真相。反复调查毫无结果，法官只好在判决书上写下了一句话：“每个人都是上帝的羔羊，迟早要回到上帝的跟前！”著名的俄国科学家齐秋奥尔科夫斯基知道这一“判决”结果后，哀叹道：“可惜法官不懂伯努利定理……

故事讲完后，组织学生讨论背后的黑手是谁，明确由于列车带动两端空气流动，欢迎者前面空气流动速度大，压强小，后面空气流动速度慢，压强大，从而造成了这起悲剧。在此基础上引出列车两边黄色安全线设计的缘由，强调安全意识。与此同时，启发学生学习物理知识除了要减小危害，更重要的是要利用它为生活服务。接着，笔者出示一根排水管和一些泡沫（如图14），握住排水管中部，下管口对准泡沫，旋转排水管上端，泡沫从下管口进入，从上管口喷洒出来（如图15）。请学生解释“泡沫升天”现象并思考生活中有哪些家用电器利用到了相似的原理，总结“流体压强与流速关系”的生活应用。

图14

图15

义务教育物理课程应注重与生产、生活实际及时代发展的联系，加强课程内容与学生生活、现代社会和科技发展的联系。因此笔者通过“鄂洛多克小站”的故事，唤起学生对身边生活世界的细微观察和积极关注。而学生采用刚习得的知识解释“鄂洛多克背后的那只魔手”，并迁移到如何有效避免类似灾难，提出铁路“安全线”的设计，能更近一步认识科学与技术、社会和环境的关系。该真实的故事情境渗透尊重自然、尊重生命的科学态度与责任。而流体压强与流速的关系在生活中虽然有很多应用，但是有些应用和学生存在较大距离感，例如油烟机和吸尘器的内部结构，笔者通过演示“泡沫升天”可以较好地启发学生思维并将物理知识应用于生活，符合学生的认知特点。总之，对物理概念和规律的应用是物理课程价值的最大体现，所以课中应联系大量生活情境，课后也应注重培养学生对生活的思考。

综上所述，在培养学生核心素养的过程中，教师应该结合教学内容，巧妙利用各种情境，培养学生的关键能力，让学生在学习物理观念的同时，多方位提高能力和素养。

参考文献：

[1] 佘念利. 开展情境式教学 培养物理核心素养 [J]. 中学物理教学参考，2019，48（11）：11－14.

[2] 袁启林. 创设问题情境 引发认知冲突 建构物理概念——浅析“摩擦力”教学案例 [J]. 物理教师，2015，36（09）：9－10.

[3] 周建军. 创设物理实验情境，增强教学有效性 [J]. 物理教学，2015，37（08）：20－21＋78.

[4] 曾鹏. 基于STEM教育的高中物理教学情境创设 [D]. 湖南师范大学，2019.

[5] 姜玉梅，曹芝翎. 生活情景创设物理课堂——以“光的折射”教学片段设计为例 [J]. 物理教师，2019，40（03）：18－19.

《电路故障》复习课课堂实录

时间：2019 年 9 月

地点：深圳市玉龙学校九（2）班

一、知识回顾，铺垫基础

师：同学们好，请坐。今天非常高兴可以和大家讲这个电路故障专题。请大家翻开学案 221 页，电路故障的分析。这一类型的题，要求是最高的，它要求大家变通灵活。因此我希望大家听完这节课以后做题会有方法和思维的突破。因为物理是一门实验学科，让我们一起回顾一下，我们在初三的时候学过的一个实验叫伏安法测什么？

生（异口同声）：电阻。

师：非常棒，测电阻。还有一个重要的实验是伏安法测电功率，那么咱们一起来看一下，伏安法测电功率。哪位同学可以告诉我伏安法测电功率它的原理是什么？

生 1：P = UI。

师：谢谢你，非常正确，P = UI。那么根据这个原理你来说在连接的过程中，必须有什么表？

生（异口同声）：电压表。

师：还必须有？

生（异口同声）：电流表。

师：还必须有？

生（异口同声）：电源。

师：输出电流，必须有？

生（异口同声）：滑动变阻器。

师：起什么作用？

生（异口同声）：保护电路。

师：没错，保护电路。那么如果要改变小灯泡两端电压，必须有？

生（异口同声）：小灯泡。

师：这个开关起怎么作用？

生（异口同声）：控制电路。

师：那么整个实验要有几样器材？六样？七样？

生（异口同声）：七样。

二、实验分析，总结归类

师：非常好，七样器材记住了，这是最基本的实验，七样器材构成整个原理是 $P = UI$。所以，我想通过实验来突围电路故障。先看第一个问题，请随着我的笔动起来。第一个问题就是伏安法，伏安法测电功率我们用的符号是P，在测电功率这个实验中会出现哪些故障呢？

师：我们来看这个实验的装置（如图1），请看这个滑动变阻器的两个触头。我事先将其接好了，这两个触头接了一个上面，一个下面。再看一下电流表，通过这边的接线处是一个什么接线处？

生（异口同声）：负接线处。

师：非常好，从负接线处走出来，通过灯泡，通过滑动变阻器，那么我想问，此时的滑动变阻器是左端有效还是右端有效呢？

生（异口同声）：右端。

师：也就是说目前它是哪一端真正接入了电路？

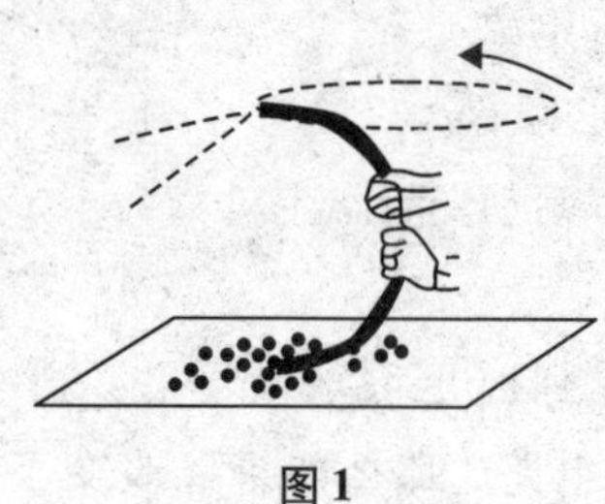

图 1

生（部分）：右端。

生（部分）：左端。

师：有的说右端，有的说左端。好，请看这里，电流从这里上去，然后通过内部的一圈一圈走到这个触头，这个触头以后，通过上面走一回，那么真正接进去是左还是右？请大家再来告诉我。

生（异口同声）：左。

师：非常好，左。也就是说这个触头一上一下，只要它是左端接进来电路，它就是左端接入电路中，是不是？好，那么我要把这个开关闭合，滑动变阻器要怎样呢？

生（异口同声）：处于最右端。

师：现在处于最右端了吗？

生（异口同声）：没有。

师：没有，那么我们现在这么做为了怎样？

生（异口同声）：保护电路。

师：非常好，大家学得很扎实。我们要把它移到最大端，也就是这个电路图的右端。好，现在根据原理，七样器材咱们已经接好了。我们再来看一下电压表上这两根线，它是怎样接的？这个电压表我一个接了负接线柱，一个可以接 15 V 或 3 V 的接线柱。那么请问，一开始闭合开关前这个应该接大量程还是小量程？

生（异口同声）：大。

师：非常棒，这么做也是起保护作用。现在接上 15 V 接线柱。

老师现在把电路都连上了，现在我应该把开关怎么样？

生（异口同声）：闭合。

师：闭合，请大家看着电路，电表有没有示数？

生（异口同声）：有。

师：大不大？

生（异口同声）：不大。

师：小不小？

生（异口同声）：小。

师：一丁点，这就是第一个故障问题。灯泡怎样？不够亮。你来告诉我，滑动变阻器怎么了？该怎么办？

生2：电阻太大了，电流太小了，要向左移动滑动变阻器，使阻值变小。

师：太好了，我听你的，向左移，大家看着电压表，还移不移？好，我们再来看灯泡发光，灯泡如何？正常发光，且电流表读数正常。但电压表读数是不是很小？怎么办？是哪里出了问题？

生3：量程选择过小。

师：谁的量程选择过小？

生3：电压表量程选择过小。

师：电压表量程选择过小。但是我这里选 15 V 了，你还觉得它小了吗？

生3：选择过大。

师：紧张说错了，请你再说一遍。

生3：电压表量程选择过大。

师：给你一个赞，好，故障出在这里，怎么办？将开关断开，然后把接线柱接到3V 的量程，然后再把开关闭合。请问此时的电压表示数是不是达到一定值了？

生（异口同声）：是。

师：第一道题出来了，对不对？

师：好，请看第二道题。闭合开关后，小灯泡正常发光，发现电压表全部向左移，会有这种现象吗？你们做实验有没有碰到过？

生4、5、6：有。

师：当时为什么会这样呢？你来说。

生5：电压表和电流表正负接线柱接反了。

师：好，接线柱接反了。老师来试一试。为了安全起见，把开关断开。把接线柱反过来连接，马上闭合开关，指针向哪里？

生（异口同声）：右。

师：谢谢你的答案，请大家写上去，非常赞，同学们学得很扎实。电压表、电流表的正负接线柱接反了，这是第二道题的错误。

师：好，第三题，闭合开关后，在移动滑动变阻器的过程中灯泡始终较亮，电压表电流表示数都不会改变，是哪里出问题了？谁上去操作一下？这位同学勇敢地举起了手，请你上去接一接。好，大家看他，非常好，先把开关断开，你来说，面对大家说。

生7：首先把开关断开，然后把滑动变阻器接入上面两个接线柱，然后再闭合开关。发现电流表和电压表示数都不大，但小灯泡特别亮，这时候就可以看到答案了。滑动变阻器它接入了上面两个接线柱，就相当于它没有电阻。

师：那你滑一下给大家看一下，左滑右滑，看看是不是你说的那样？

生7：左边滑右边滑它都没有示数改变，小灯泡亮度也没有变化。

师：给点掌声，来，请大家把答案写上去。谢谢你。也就是说同时接上面两个接线柱的话，它就没有起到滑动变阻的作用。所以必须一上一下连接，这个问题就迎刃而解了。那如果灯泡过暗，两表示数也改变不了，又可能是什么故障？请大家举一反三。

生8：滑动变阻器是接了下面两个接线柱。

师：下还是上？

生（异口同声）：下。

师：下面两个接线柱，非常好，所以滑动变阻器应该接一上一下。好，接下来我们要讲另一种故障。闭合开关以后，该同学在移动滑动变阻器时发现，小灯泡始终不亮，电压表没有示数，电流表有示数。这个没示数，请写个“无”在旁边，把关键词画在电路图，电压表写“无”，电流表写“有”，这个对大家解题很有作用。那是哪里出了问题呢？好，我这里有一条导线，我把这条线连接在这个灯泡两端，闭合开关，发现灯泡不亮，那么你觉得是哪里有问题？

生 9：灯泡短路。

师：灯泡短路，那请告诉我什么叫短路？

生 9：导线直接接在电源或用电器两端。

师：那么为什么它短路就不亮了呢？请同学们追踪一下，电流从这边走到这里来，从上面这根线过去了，就回去了。这里，没电流不发热不发光，所以被短路了。请写上去。灯泡被短路后，电流表有没有示数呢？

生（异口同声）：有。

师：有啊，而且这个示数比较大，电压表是不是没示数？没示数，是被短路了。好，那么反过来，第六个问题，写上去，哪个电表有示数，哪个没有？请写到图里面，帮你找到方法。灯泡始终不亮，电压表有示数，电流表无示数。是哪里出问题了？猜测一下，你来说。

生 10：是小灯泡断路。

师：小灯泡断路，断路是什么概念？

生 10：就是它的分支断了，电流不通了。

师：不通过小灯泡，也有可能是接触怎么样？

生 10：接触不良。

师：那我们一起看看他的猜测对不对。为了让它接触不良，我可以把灯泡接线柱这里拧松开，老师将一张小纸片塞进去。请大家看看两个电表上有何变化？电压表有示数，这个电流表有没有示数？无示数，你们猜测非常好，请把答案写进去。是灯泡怎么样了？断路，或者是灯泡接触不良。

三、方法提炼，触类旁通

师：好，这六个问题，有实验辅助我们分析。但假如没有实验，出现这样的题，我们应该怎么做呢？有没有什么好的办法呢？

师：大家要记住，凡是碰到电路故障题，大家要把刚才所做的实验现象全部放在脑海中。我们来看一个例题（如图 2）。像这样的题发现有一个动，有一个不动，拿到这种题，这个电流表，我们要把它看作一个什么？

如图所示电路，闭合开关S，两个灯泡都不亮，电流表指针几乎不动，而电压表指针有明显偏转，其故障是（B）。

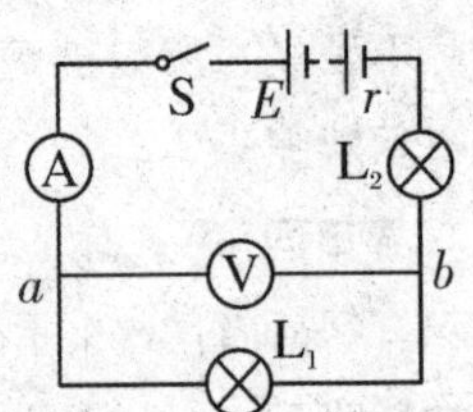

A. 电流表断路　　B. L_1断路

C. L_2断路　　D. L_1短路

图 2

生（异口同声）：导线。

师：非常好，导线。那么电压表呢？视作什么？

生（异口同声）：断路。

师：非常好，断路。因为它的电阻很大。第一步我们要简化这个电路，这个是很重要的，大家跟随着我，在旁边画简化图。如果是电流表，就当作一根导线，电压表就视作断路，擦掉两边。那么现在，这个图就一目了然了。电流从这边走，L_1 和 L_2 这两个灯是怎样的关系？

生（异口同声）：串联。

师：非常棒，串联。所以，我们解题时，第二步通过简化图判断它是串联的。

师：大家知道串联电路有三大特点：电流处处相等；用电器电阻大，分到的电压就会大；它的电功率也大，都是正相关的关系。所以，这两个灯泡的分压谁分得多谁的内阻就更大。那么接下来，最关键的第三步，我们用排除法。现在说有一个电表不动。那么我们先假设 A 正确，看看它是不是符合这个现象？对不对？

师：好，我就来看 A 选项，假设是电流表断路。电流表断路是什么意思？大家就在草稿纸旁边画的时候涂掉它，这不就断了吗？好，那么我想问电流能够回到负极去吗？

生（异口同声）：不能。

师：不能够的话，那么这个灯亮不亮？

生（异口同声）：不亮。

师：不亮，这个呢？

生（异口同声）：不亮。

师：这个有示数吗？

生（异口同声）：没有。

师：没有，这个呢？

生（异口同声）：也没有。

师：全部都无，那么跟现象符合吗？

生（异口同声）：不符合。

师：不符合，A 不对。那么我们接着往下走，再看 B，L_1 断路。L_1 断路是什么意思？也就像刚才说接触不良对不对？好，我除掉它。大家注意，正常情况电压表是断路的，但这个电压表只是你视作它断路而已，它其实是接在电路里的对不对？好，那么此时 L_1 断了，电流流到这里来，只好怎么样？

生 11：只能从电压表过。

师：非常好。只能从电压包这里兜一个圈。那么这个时候是谁跟 L_2 来分这组电压？

生 11：电压表。

师：很棒。是电压表来跟它分电压，电压表串进电路跟它分，那电阻大分压大，电阻小分压小，那么此时的电压绝大部分分给了谁？

生（异口同声）：电压表。

师：分给了电压表，大部分分到它那里。这里灯泡的电压很小，能让它发光吗？

生（异口同声）：不能。

师：所以这个不发光，这个有示数吗？

生（异口同声）：没有。

师：这个电阻因为很大，整个电路中的电流会怎样？

生（异口同声）：很小。

师：很小，所以电流表是无示数，电压表有示数，L_1 灯泡不亮，L_2 亮不亮？

生（异口同声）：不亮。

师：所以 B 符不符合？

生（异口同声）：符合。

师：符合，不用往下走了吧？答案浮现出来了。

师：所以我们做电路故障题用三步法：简化，连接，逐一排除。好，接着用这个思路，请大家马上做一下第二题（如图 3）。

（学生做题）

师：好，我看大部分做出来了。请选 A 的同学举手；选 B 的举手；选 C 的举手；选 D 的举手。老师看很多人选 C，那我们来看一看到底是不是选 C 呢？我们先来说为什么选 A 不行？你来说，L_1 短如图所示电路，灯L_1和L_2都正常发光，一段时间后，突然其中一灯熄灭，而电流表无示数，电压表的示数都不变，其故障是（C）。

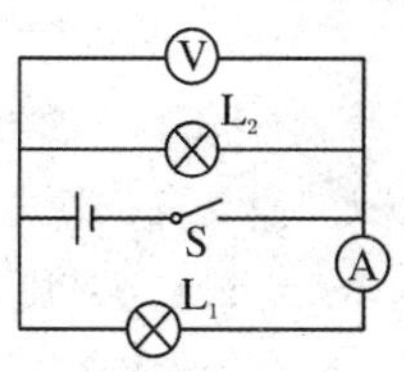

A.L_1短路　　B.L_2短路
C.L_1断路　　D.L_2断路

图3

路不行吗？

生12：我们先看它这个电路图，L_1 跟 L_2 是并联的。

师：那你先简化，并联。

生12：L_1 跟 L_2 是并联的，A 选项它说 L_1 短路。

师：L_1 短路就怎么样？

生12：在并联电路中，把其中一条支路给短路，就相当于把另外一条支路也短路了，因此 L_2 也会不亮，所以是错的。

师：没错，并联电路中一旦有短路全部都短路了。例如，有时家里做着作业突然都没电了，原来老妈在搞卫生，抽油烟机里面水渗进去了，把抽油烟机短路了，一短路就跳闸，电流过大，没电了。非常好，所以 A 不行。B 呢？也是如此是吧？

生（异口同声）：对。

师：也是短路，所以不行。那为什么 C 是对的呢？L_1 断路是什么概念？L_1 断，这里没了，那你看是怎样的？

生13：电流表无示数。

师：那为什么电压表有示数？

生13：因为电压表它是可以测 L_2 的。

师：电压表测 L_2 也是测什么？

生13：电源。

师：太赞了。接着用这个方法马上做练习1（如图4）。

练习1：如图所示电路，当开关闭合，两灯正常发光。使用中发现一灯突然熄灭，电流表有示数，电压表无示数，则故障可能是（B）。

A.灯L_1短路

B.灯L_2短路

C.灯L_1断路

D.灯L_2断路

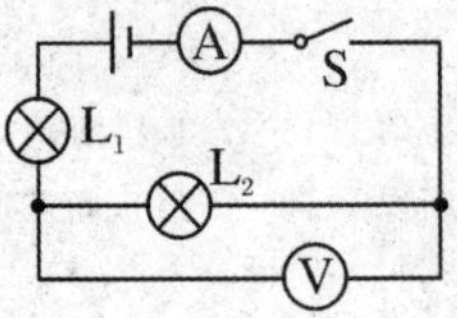

图4

（学生练习）

师：我看大家都做完了。请选 A 的同学举手；选 B 的举手；选 C 的有没有？好，我看大家都做对了，大家掌握得很好。这道题选择 B。大家能不能快速告诉我，这个电压表一按掉是个什么电路？

生（异口同声）：串联。

师：串联电路。假如 A 选项中 L_1 短路的话灯是怎样的？假如它短路电压表会有示数吗？

生（异口同声）：会。

师：会，但题目中说电压表无示数，说明 A 选项不对。我们再来看 B 选项，L_2 短路。电压表对应测量灯泡 L_2 的电压，L_2 短路时有分压吗？

生（异口同声）：没有。

师：所以此时电压表有没有示数？

生（异口同声）：没有。

师：那么此时电流表会有示数吗？你来说。

生 14：有。因为 L_1 是正常的。

师：非常好，所以这道题选 B。

师：接下来，我想咱们化身为 2019 年的初三中考学子，做最后一道题，这就是2019年初三的中考题（如图5）。它说有这两个灯泡，电路连接是正确的，但是两个灯泡均不亮，现在不知道是 L_1 坏还是 L_2 坏，问哪个坏掉了？现在提供三样东西给你，分别是什么？

（2019·深圳）如甲图所示的电路，闭合开关，两灯均不亮。已知电路连接正确，是其中一个小灯泡损坏了。请你在不拆开原电路的基础上，从乙图所示的实验器材中任选一种连入电路，设计检测方法，找出损坏的小灯泡，并完成表格中相关内容。

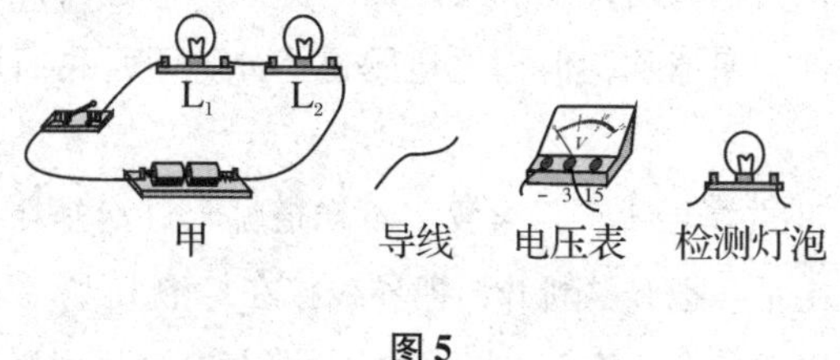

图5

生（异口同声）：导线，电压表，检测灯泡。

师：非常好，一共这三样东西给你，让你判断是 L_1 坏了还是 L_2 坏了。那么，有没有同学想上去操作一下，看看三样东西选哪个可以判断是 L_1 坏了还是 L_2 坏了？我想给点机会给其他孩子，看看第一组的有没有人？那你来吧，你来，你选什么办法？反正有一个坏了，不知谁坏，怎么办？

（学生15操作）

师：你选什么？面向大家。

生15：我选一个小灯泡，这个小灯泡是正常的，这两个小灯泡其中有一个是有故障的，如果在串联电路的时候两个正常的灯泡在一起，那它们就正常发光；如果有一个是不正常的，则都不发光。那就假设 L_2 正常，把检测灯泡与 L_1 并联。如果这两个小灯泡正常发光的话，那就证明 L_1 是有故障的。如果检测灯泡与 L_2 串联，它却没有发光，则说明 L_2 是有故障的。

师：他的意思就是说，把这个 L_3 检测灯泡取代 L_1，是不是这个意思？假如此时灯不发光，说明谁坏了？

生（**异口同声**）：L_2 坏了。

师：没错，那么如果灯泡发光呢？

生（**异口同声**）：L_1 坏了。

师：非常好，难道只有这种方法吗？请另一位同学上来演示一下。

（学生 16 操作，但将灯泡拆开。）

师：这位同学，题目有个关键词不拆开，你这样拆开灯泡，可是违反了条件。谢谢你，但你这道题得零分。下面我们请另一位同学上来试试。

生 17：我选择导线。因为我们不知道哪个灯泡是坏的。我们先拿一根导线出来，把开关断开，把导线接在灯泡 L_1 两端，再闭合开关。我们可以看到小灯泡 L_2 是发光的，那么电流从正极出发，经过这里，然后回到负极，说明灯泡 L_1 是坏的。

师：非常棒，确确实实是 L_1 坏了。咱们 222 页到 227 页有几十道这样的故障题，请你们带着这三步法，简化电路，判断连接方式，用排除法逐一去做故障题。希望在期末考试考到故障题时，你们必拿这个 1 到 3 分，谢谢，下课。

实验演示促动机，“三步”方法析故障

——电路故障突围

摘要：电路故障分析是物理中考中必考的一个考点，也是学生的易错点。电路故障是电学教学中的一个难点。为了突破这个难点，本节课以学生实验中遇到的电路故障为教学素材，并对故障进行分类分析，归纳出一套电路故障判断的“三步”分析方法。

关键词：电路；故障分析；“三步”法

复习课对于学生学习物理课程来说是非常重要的环节，一节成功的复习课既能够帮助学生有效地回忆和巩固原有知识，还可以启发学生扩展思考，以达到举一反三、触类旁通的效果。纵观历年来全国各地的中考试题，不难发现电路故障题屡见不鲜。电路故障分析之所以重要，是因为它既可以综合考查学生电路连接，电流表、电压表的特点以及串并联电路、电流、电压、电阻的规律等知识，又可以考查学生在做电学实验时对遇到的实际问题的处理能力。

笔者在教学中常常发现学生对题目中电路故障的成因不能正确地分析、推理和判断。怎样才能帮助学生克服这一难关呢？本节课“电路故障突围”专题复习，践行了新课标的精神，帮助学生克服了解决电路故障问题的难点，取得良好的教学效果。

一、故障生成，分类呈现

真实的课堂生成能有效激发学生的学习动机，对提高课堂效果有着十分积极的作用。若以故障为教学素材，既能有效激发学生兴趣，提升学习内驱力，又能让学生感觉到物理知识的力量。

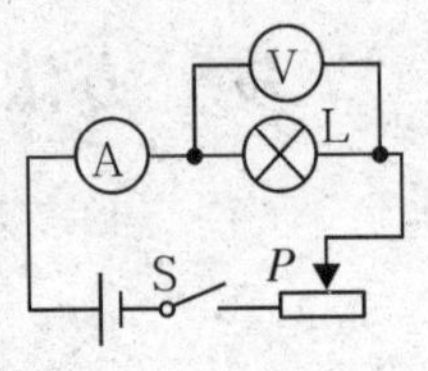

图 1

“测定小灯泡的电功率”实验是初中物理一个重要的电学实验，电路图如图 1 所示。前面上新课时，在指导学生分组实验中发现由于学生对电路中电压、电流和电阻之间的关系没有理解，对电路的分析不熟练的缘故，总是出现电路故障问题。有些学生也因没有及时排除故障而未能顺利地完成实验。本节课的电学故障突围复习课呈现本实验中常出现的故障，并归类和总结，分别是：1. 闭合开关后，小灯泡正常发光，该同学发现电压表偏转指针很小。2. 闭合开关后，小灯泡正常发光，该同学发现电压表、电流表的指针都向左偏转。3. 闭合开关后，该同学发现在移动滑动变阻器滑片的过程中，小灯泡始终较亮，电压表、电流表示数都不会改变。4. 闭合开关后，该同学发现在移动滑动变阻器滑片的过程中，发现小灯泡始终不亮，电压表无示数、电流表有示数。5. 闭合开关后，该同学发现在移动滑动变阻器滑片的过程中，发现小灯泡始终不亮，电压表有示数、电流表无示数。出现上述故障的原因可能是？

正所谓百闻不如一见，百见不如一做，所以能让学生做的别只让学生看，能让学生看的别只让学生听。本节课首先现场演示伏安法测电功率时，电路出现的各种故障。教师和学生一起找出故障，改正电路。教师交代学生认真观察各种故障出现时，灯泡的亮暗以及电表的偏转情况。通过实验，引发学生思考，带领学生进入有趣、有味、有生成的物理课堂。

二、电路故障分析思路的三步骤

接下来，通过两道例题，呈现断路和短路两种情形。

（一）情形一：断路故障的分析

例 1：如图 2 所示电路，闭合开关 S，两个灯泡都不亮，电流表指针几乎不动，而电压表指针有明显偏转，其故障是（　　）。

A. 电流表断路　　B. L_1 断路　　C. L_2 断路　　D. L_1 短路

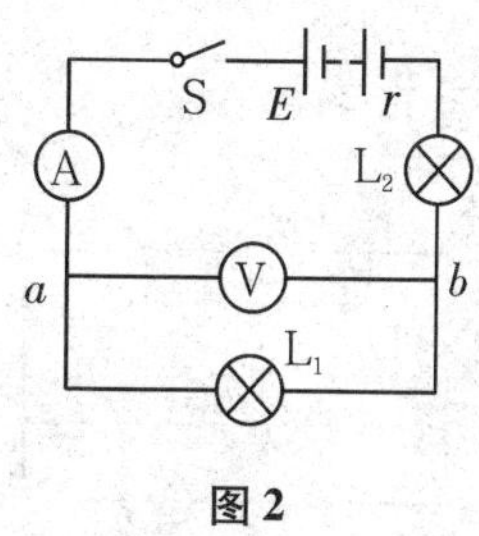

图 2

由电路图可知，这电路是串联电路，灯 L_1 和灯 L_2 串联，电流表测电路电流，电压表测量灯 L_1 两端电压。根据两灯泡不亮与电流表示数为零这一条件，可判断造成这一现象的原因是断路。再结合电压表有明显偏转，可知灯泡断路。当灯 L_2 出现断路时，两表均无示数。当灯 L_1 出现断路情况时，电压表串联在电路中，电压表中的电阻远大于灯 L_2 的电阻，此时电路中的电流很小，电流表无法感知，所以示数为零。因此应当选 B。

初中教材涉及的电路，除导线外，通常与六个元件相关，即电压表、滑动变阻器、电源、小灯泡、开关以及电流表。其中每个元件都有可能导致断路。比如电源两侧出现断路现象，就会导致整个电路都没有电流，那么电流表与电压表在此时是没有示数的，小灯泡也无法发光。假如是电压表两侧出现断路，就会导致电流不从电压表中流过，不会对其他电路元件产生影响，因此电流表有示数，小灯泡也会发光，但电压表不会有示数。假如是小灯泡出现断路，电压表串入电路，电路中的电流太过微弱，电流表的指针不会偏转，而电压表的读数为电源电压。因为没有电流通过，所以小灯泡不会亮起来。

（二）情形二：短路故障的分析

例 2：如图 3 所示电路，当开关闭合，两灯正常发光。使用中发现一灯突然熄灭，电流表有示数，电压表无示数，则故障可能是（　　）。

A. 灯 L_1 短路　B. 灯 L_2 短路　C. 灯 L_1 断路　D. 灯 L_2 断路

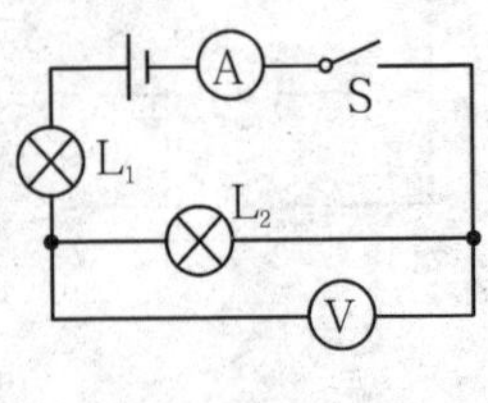

图 3

由电路图可知，电路是串联电路，灯 L_1 和灯 L_2 串联，电流表测电路电流，电压表测量灯 L_2 两端电压。根据一个灯泡熄灭与电流表有示数这一条件，可判断造成这一现象的原因是短路。再结合电压表无示数，可知灯 L_2 短路。当灯泡出现短路情况时，电压表与导线并联。测量的是导线电压，所以无示数。因此应当选 B。

在分析短路故障时，引导学生围绕电压表、滑动变阻器、电流表以及小灯泡来考虑。假如是电流表引发的短路，就等于直接将导线连在了电流表的两端，对于其他电路元件不会造成影响，小灯泡能发光。假如是电压表出现短路，则等于将导线直接连在电压表两端，电压表出现短路情况时，小灯泡也会短路，电流流经导线后直接回到电源负极，不经过电压表或小灯泡，此时电流表有示数，电压表无示数，小灯泡也不亮。假如滑动变阻器出现了短路的情况，就等于滑动变阻器的上接线柱同时接入电路，滑动变阻器并没有发挥控制电路的作用。

判断电路故障，需要知道故障的两个要素，即故障是什么和在哪里。故障的类型，只有两种：断路和短路[1]；而对于故障在哪里，则需结合具体情况分析。根据初中电路的特点，我们将解题思路归纳为：先简化电路，再判断连接方式，最后用排除法。

练一练：如图 4 所示，灯 L_1、L_2 完全相同，闭合开关 S，两个电表都有示数，可只有一盏灯亮，其故障可能是（　　）。

A. 灯 L_1 断路　B. 灯 L_1 短路　C. 灯 L_2 断路　D. 灯 L_2 短路

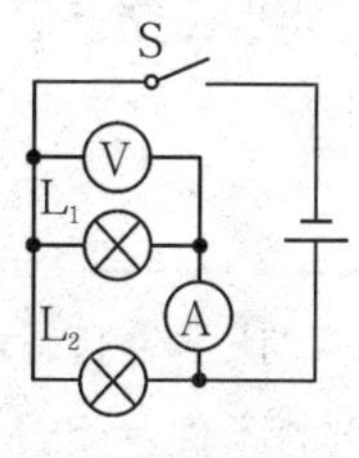

图 4

先简化电路，接着判断连接方式：灯 L_1、L_2 并联，电流表测量灯 L_1 支路电流，电压表测量支路两端电压，等于电源电压。并联电路中，有一盏灯亮，说明电路没有发生短路，则故障类型是断路，所以排除（B）（D）两个选项；再判断断路在哪里，题设条件为两个电表都有示数，因此灯 L_1 支路是连通的，电压表测的是电源电压，可以得出是灯 L_2 断路，因此答案为（C）。

三、趁热打铁，中考实战

（2019 深圳）如图 5 所示的电路，闭合开关，两灯均不亮。已知电路连接正确，是其中一个小灯泡损坏了。请你在不拆开原电路的基础上，从乙图所示的实验器材中任选一种连入电路，设计检测方法，找出损坏的小灯泡，并完成表格中相关内容。

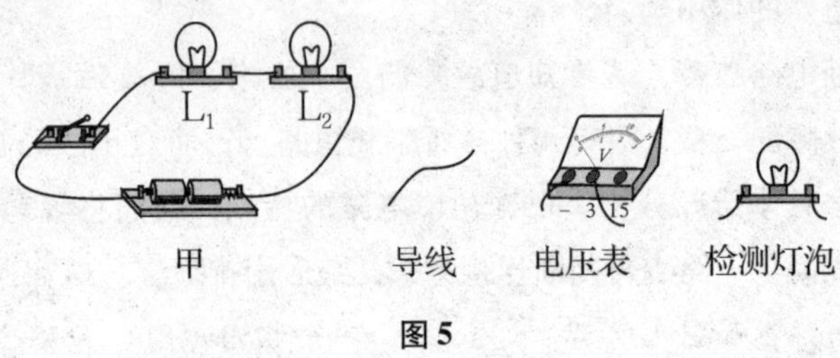

图 5

所选器材	检测电路图	现象与结论

这个部分教师提供器材，让学生自行设计电路，找出电路中的电路故障。根据题目中给出的条件：闭合开关，两灯均不亮，故障是其中一个小灯泡损坏了，也就是断路。设计实验的目的是找出断路的灯泡。可以选用导线，把灯泡短路，或者选用电表，接入电路中。学生设计后，进行汇报。通过学生汇报，抓住课堂生成，学以致用，检测课堂效果。同时让学生充分体验物理的魅力，从物理走向生活，使物理课堂充满生活味和实验味。

电路故障教学中运用的“三步”分析法，它是以学生实验“测量小灯泡的电功率”中的故障为素材，建立“三步”分析法，体现了理论分析和实验探究相结合的物理研究方法。本课在复习中克服了简单重复新授课内容，以实验为载体，电路故障问题为主线，针对学生学习中的需要和困难，从实践入手，通过一系列的探究活动，让学生经历猜想、发现、分析、验证及归纳总结的过程，让学生纠正了原先的不系统、不正确、不成熟、不严密的知识体系和一些不准确的分析判断的方法，掌握了实用的分析、判断、解决问题的方法和策略，摆脱了学生题海训练、死记硬背，教师反复讲解、强硬灌输仍效果不佳的窘境。

参考文献：

[1] 杨霞. 初中物理电路故障及案例解析简 [J]. 中学物理教学参考，2018.

《力》课堂实录

时间：2018 年 2 月

地点：深圳市玉龙学校微格教室

一、创设情境，导入新课

师：上课，同学们好！

生（异口同声）：老师好！

师：坐下。走过了鸡年，迎来了狗年，不是鸡飞狗跳，而是迎来了新春，老师给大家上一节物理课。首先我想问的是，咱们在初二年级上学期主要学了哪些内容？只有两个机会，谁来说？只要大体提纲，错了也不要紧，你来。

生 1：质量。

师：质量。还有呢？

生 1：速度，密度。

师：速度、密度这些都属于什么？机械运动。还有呢？

生 2：还学了声音。

师：对，从大的概念讲还学了声学。还有？

生 2：光学和热学。

师：对，光学、热学、声学。那么我们一起翻开物理书本的大纲，我们这个学期要学几章书？翻开最前面的大纲，目录整体看一下，第七章大题目读一下。

生（异口同声）：力。

师：第八章。

生（异口同声）：运动和力。

师：第九章。

生（异口同声）：压强。

师：第十章。

生（异口同声）：浮力。

师：十一章。

生（异口同声）：功和机械能。

师：十二章。

生（异口同声）：简单机械。

师：非常好。那么我们这节课走入这个学期要学习的内容，也是整个初中物理中最关键的力学。在走进力学之前，今天还没过正月十五，老师也不免送点礼物，但是要靠你们积极来抢，主动抢也无妨，但是要注意安全。

师：我送出的大礼包，请大家拆开，是什么礼物？

生3：祝贺你获电影券一张。

师：电影券一张，谢谢，下面的继续说。

生4：祝贺你获电影券一张。

师：你也是电影券。我昨天专门去买了几张电影票，你是获什么？

生5：书。

师：我送了林徽因的《你若安好便是晴天》，谢谢，幸运儿。其他同学也是幸运儿，机会留给你们，我想问是什么让这个礼物送到他们身边的？

生6、7、8：力。

二、师生交流，明晰主题

师：对了，力。请拿起笔，在书本的空白处抄下这节课的三大笔记。力，那什么叫力呢？同学们来看，我提着这个包，我的手对包？

生9：给它一个向上的力。

师：提着它，那这个包就怎么样？它就受到了力，是吧？关键词，提，非常好，提是什么词啊？在文学上说。

生（异口同声）：动词。

师：那么包则怎样？

生（异口同声）：受到力。

师：好，这是第一个，第二个我们看这里有个小车，我把它放在桌面上，那么我推动它。你来说。

生10：老师给它一个向前的推力。

师：那么我给它了一个力，车呢？

生10：受到力。

师：很好，车受到一个力。也就是说手推车，我的手给车一个力，我的手一动车就动。这位帅哥讲得很好，非常好。接着来看，我手中有一串大头针，下面我把它散落在桌面上，这是一个什么？

生（异口同声）：吸铁石。

师：我用磁铁靠近它。

生（异口同声）：吸力。

师：谁吸了谁？谁来说？

生11：磁铁吸了大头针。

师：磁铁吸了大头针，请将关键词抄下。那么我想问的是磁铁吸了大头针，是谁给了一个力？

生11：磁铁。

师：磁铁，也就是说它是施了一个力，那么大头针呢？

生11：受到力。

师：那么像这些动词，提、推、吸、挤、压等，在物理学上为了方便给予它一个词，叫什么词？请大家圈出来，作用。也就是说磁铁作用了什么？大头针。那么就磁铁而言，是一个施力物体，对不对？而大头针呢？大头针叫什么？

生（异口同声）：受力物体。

师：非常棒。同样地，大家看我提着这个包，我给它一个力，包受到了一个力，是不是？不然它不受力就掉下去了，那么物理学上把这些物体与物体之间的作用就称为力。请大家把定义找出来读一遍，力是物体，一起读。

生（异口同声）：力是物体对物体的作用，发生作用的两个物体，一个是施力物体，另一个是受力物体。

师：好，请大家一起把它抄起来，边抄边记，力是物体对物体的作用。那么谁能告诉我在这个概念中，从这个定义中我们看出来，产生力要几个物体？

生（异口同声）：两个。

师：非常好，要两个。那如果我说没有物体就没有力，你连一个物体都没有何来的力？对不对？所以说写上去，要产生有力要几个物体？

生（异口同声）：两个。

师：一个物体不行，必须要两个物体，一个为施力物体，另外一个为受力物体。我们在物理学上，上次学质量时我们用的符号是用什么？

生（异口同声）：m。

师：那么力我们为了方便也给它一个符号，力的符号是F。我们说某同学质量为50，后面必须有什么？

生（异口同声）：单位。

师：那么同样引入一个物理量，出来一个定义总得有一个单位，那么这个单位我们一起来看一看是什么？

生（异口同声）：牛顿。

师：知道牛顿是哪个国家的吗？

生12：英国。

师：非常好。牛顿研究了牛顿第一运动定律、第二定律、第三定律。牛顿简称牛，用英文符号大写的N来表示，那1N有多大？请大家读出来这句话，你有了这个标准以后就会判断一牛，读。

生（异口同声）：托起两个鸡蛋所用的力大约是一牛。

师：托起两个鸡蛋用的力是一牛，那么我如果把你托起来不止一牛吧？

生（异口同声）：不止。

师：我能托起两个鸡蛋，那么如果老师说能托起这位帅哥，你信吗？

生（异口同声）：不信。

三、实验探究，理解效果

师：好，现在我们认识了力的定义。接下来，这节课的重点就在第二个问题：力的作用效果。力的作用效果我就不多讲了，给几个实验大家体验一下。大家桌面上有弹簧，有橡皮泥，还有橡皮筋。那么你们一起给它一些力，你想怎样玩就怎样玩，体验完了以后再来汇报，两分钟，开始。

（学生们实验）

师：好，这个实验比较简单。前面这位同学，来，站上去面对观众。你玩的是橡皮泥对吗？好，请你做一个展示，将刚才你玩橡皮泥的过程展示出来。并请你说出来，你对橡皮泥的作用力可以怎么样？

生13：可以改变它的形状。

师：力可以改变物体的形状，很棒。你来说。

生14：力可以改变物体的长度。

师：那也就是说原来没那么长，短一点，其实还是它的形状。谢谢你。好，你来说。展示给同学们看，举高一点。

生15：力可以改变它的弹性形状。

师：力可以改变它的弹性形状。非常好，大家给点掌声。他们三个人讲的话就是我的观点，力可以改变物体的形状。那么老师这里还有一个吹气后的气球，我现在改变它的形状，这样是不是瘪的呀？

生（异口同声）：是。

师：我这里还有另一个气球，你来吹一下，好。你看它是不是鼓起来了？他是不是用了力？改变了什么？气球的什么？

生（异口同声）：大小。

师：大小，形状，原来是瘪的，现在是鼓的，谢谢你。力可以改变形状，接着我要讲的是，我现在有台小车，现在是静止的，那么我想让它运动，怎么办？

生16：用力推。

师：你来玩玩。要怎样才能使小车动起来？

生16：给它一个力。

师：可以用手怎样？

生16：推。

师：不信你可以推旁边同学，可不可以推动啊？假如我力量够大是不是可以把你推倒？好。那么我现在有个小车，静止在这个桌面上，这个小车现在目前处于什么状态？

生（异口同声）：静止。

师：好，我现在给它在周边放一个磁铁，小车怎样？

生（异口同声）：运动。

师：这几个关键词，小车原来是静止的，后来是运动。小车由静止变成运动。反过来同样的道理，小车你推动它的时候，你推一段时间后放手，我的手阻挡在前面，小车怎样？

生 17：运动。

师：运动，在我手的阻挡下小车又怎样？

生 17：静止。

师：小车由运动变为了静止。那么我们再来看这个实验，现在有一个槽和小球，槽的一端架高，小球从高端由静止释放，侧面再放一块强磁铁。为了让这个小球的运动轨迹清晰一点，我给它染成红色。我现在将小球释放。看到了吗？小球从高处滚动下来的时候，运动轨迹先是怎样的呢？

生（异口同声）：直线。

师：之后呢？由直线变为了曲线，是什么原因？

生（异口同声）：受到了另外的力。

师：谁给它的？我没有给吧？

生（异口同声）：磁铁。

师：磁铁给了它一个力是不是？那说明力可以让物体由直线变为什么？

生（异口同声）：曲线。

师：曲线。同学们，生活中其实有这样类似的例子。前面突然碰到障碍物的时候，我们是不是突然急刹车，此时你的脚是不是要拼命踩刹车？你这个脚是不是要用的力大一点？在物理学中，物体由快到慢，反过来，由慢到快，我们统一可以说成？

生（异口同声）：运动状态。

师：而由慢到快，再由快到慢，小车停下来。这些都说明了力的第二个作用是什么？一起找出来，请大家总结出这句话。

生（异口同声）：力可以改变物体的运动状态。

师：非常棒，大家抄写起来。力可以改变物体的运动状态，这节课我们就学了力的两大作用。

四、体验交流，明确要素

师：接下来，有一个实验，我想请同学们帮忙。力有这样的作用，可是它的作用效果不知跟什么有关？我们班的男孩子谁最大力啊？举手。谁最苗条啊？

生 18：梁思奇。

师：好，请两位同学过来。请你用你们的食指，一指神功来帮老师一个忙。我待会儿关上门以后，请这位最大力同学按住这个位置（靠近转轴处），最苗条的就按这一点（远离转轴处）。你们来开一下这个门。大力士，你先来，果然名不虚传。好，梁思奇来。同学们，你们从神态上观察谁比较轻松啊？

生（异口同声）：梁思奇。

师：男生，你的力气是最大的，但你觉得你轻松还是比较困难？

生 19：困难。

师：还是比较困难，你呢？

生 20：我挺轻松的。

师：你挺轻松的，好，感谢。再来，请你这位帅哥上来。伸起你的右手，这个手其实是一个杠杆，我按手臂两个不同的点，第一个点按这个位置，第二个点按这个位置，看能不能把他这个手按下去。看来在这两个点用力，效果还不大一样。待会儿你们来试，看哪个点能轻松地把手臂按下去。好，两两玩一下，一分钟。好，谢谢你们，非常棒。请最后一组派个代表来说一说哪个点更轻松？然后说出依据，说明了什么？

生 21：对于我来讲各个点都轻松。

师：这么厉害？真的？好，下课我再跟你 PK，要讲真话。这一组的，这个女同学，你没发言过，来，眼睛闪烁的，你来说。

生22：我觉得这个点比较轻松，但是越靠这边的时候，越难。

师：这个点叫什么点？

生22：受力点。

师：作用的点不同，结果呢？一个轻松，一个怎么样？难。那说明了什么？力的作用效果跟什么有关？跟位置，位置这个点我们叫作什么？

生22：作用点。

师：对了，作用点不同，效果不同。那究竟是不是呢？物理是实验学科，老师准备了一个实验给你们看，来看一看。这是一根钢尺，一端固定在铁架台上，刚才都是用身体做的实验，我们要以数据为说明的话，结论更具备说服力，这里有两个钩码，我把他挂在钢尺中间，有没有形变啊？

生（异口同声）：有。

师：好，把它移出来，到钢尺尾端。

生（异口同声）：形变更大。

师：那在此基础上，挂多一个钩码，会怎样呢？你们认为挂多一个钢尺末端会是往上还是往下？

生（异口同声）：下。

师：所以力越大是不是形变越厉害？说明作用效果还跟什么有关？

生（异口同声）：力的大小。

师：最后一个，请班主任上来协助一下。好，请你站在这里，身体往后倾斜一下。假如我推她，她会？

生（异口同声）：会倒。

师：会倒，好。假如继续倾斜，我拉她。推跟拉效果一样吗？

生（异口同声）：不一样。

师：可棒了孩子们，说明力的作用效果还跟什么有关？

生（异口同声）：方向有关。

师：太赞了，那么在物理学上把力的大小、作用点和方向统一称为力的三要素。好，我们这节课就学力的三大方面的内容。

五、巩固练习，学以致用

师：让我们随着这个音乐一起来做这么两三道题。第一题选哪个？

生（异口同声）：C。

师：没有物体就没有力，这么绝对的对？为什么？

生（争相回答）：要有两个物体。

师：你连物体都没有，没有物体何来的力？第二题，选哪个？

生（异口同声）：D：

师：赞成D的举手。有没有不是的？不要紧的，真理往往掌握在一个人手中，都是D吗？下列说法不能说明发生形变的是？弹弓拉开有没有形变？

生（异口同声）：有。

师：小球下落有吗？

生（异口同声）：没有。

师：下落没有，那有什么？

生（异口同声）：速度。

师：加速由慢到快；凹陷有没有形变？

生（异口同声）：有。

师：坑有没有？

生（异口同声）：有。

师：感谢，最后一道题。腾空而起的火箭。注意，做题的时候腾空说明之前是怎样的？静止的，现在腾空了，由静止到什么？

生（异口同声）：到动。

师：由静到动，状态改变了吗？

生（异口同声）：改变了。

师：注意关键词，盘山公路匀速运动的小车，速度有变化吗？

生（异口同声）：有。

师：有吗？他不是匀速圆周吗？圆周是什么意思？什么线？

生（异口同声）：曲线。

师：所以它的什么在改变？

生（异口同声）：运动轨迹。

师：运动轨迹，也就是方向。所以 C 选项中运动状态是有改变的，对不对？所以这道题 ABC 都有改变。D 呢？平直公路上匀速行驶的汽车，直，有没有拐弯？

生（异口同声）：没有。

师：匀速，速度有没有变化？

生（异口同声）：没有。

师：所以是 D。请大家闭上书，闭上眼，用 30 秒，想想我们这节课学习了三大点。好，站起来也要闭着眼说。你来说，闭着眼。这节课大美老师带我们走进了力的世界，讲了哪些东西呢？

生 23：讲了力的作用效果和力的三要素。

师：力的作用效果和力的三要素两个方面，还有没有？既然有效果有三要素已经不错了，说出了完整两点。你来，还学了什么？他刚才讲了两个，还有一个什么？

生 24：力的单位。

师：都是属于力的定义范畴，力的单位也没错，是吧？力的单位，还有力的什么？

生 25：力的定义。

师：没有物体就没有力，讲了力的定义、单位相关内容，这节课就到这里。感谢同学们，感谢老师们的聆听，下课。

具身认知理论在物理教学中的实践

摘要：具身认知理论倡导以“身体感知”“身体感受”“身体体验”来认识世界。基于具身认知理论，初中物理课堂应该通过情境化、实验化、评价化的学习方式开展。通过创设情境，激活物理课堂；通过实验探究，活化物理课堂；通过评价反思，深化物理课堂。本文以“力”教学为例，浅谈具体实践和感悟。

关键词：具身认知；具身学习；力

基于对身心二元论的批判和反思，引发了将主体身体体验引入认知过程的身心一元论的第二代认知科学产生，即具身认知，具身认知最大的特征是心智的具身性[1]。具身认知理论指出，认知依附于身体的各种感官所产生的经验，当身体融入不同的物理、生理和文化环境中，身体及其活动方式在实现于环境相适应的过程中会产生新认知[2]。具身认知认为学习是全身心的参与过程，新知识是心智、身体和环境三者相互作用的结果，体验性是其核心特征，具身体验的方法，过程和结果直接决定认知的方式、过程和结果[1]。下面，以“力”这节课为例，浅谈具身认知理论的实践方法及效果。

一、创设情境，激活课堂

知识根植于情境，是情境和人交互碰撞的结果。因此，将认知嵌入情境中，有助于学生感受、体验知识的意义和价值。美国教育学家杜威说：“情境能引发学生的思维，思维就是发展中的学生经验。”而具身性的情境能促进学生经验和思维的链接，所以，在物理课堂教学中，教师应善于挖掘素材，创设趣味情境，让学生切身经历视觉、听觉或触觉的体验，运用多种手段调动学生不同的身体机能融入情境之中，增进学生的身体体验，激发其学习原动力。

本课例中，笔者在课堂的最初就给学生带来了开年祝贺，送红包，而且是采用弹弓发送红包，让学生参与抢红包。红包中有电影券，有书籍等各项吸引学生的奖励，学生的各项身体机能都在第一时间内参与到课堂中。送出红包后，笔者接着提出："是什么把红包送到你们的身边的呢"，直接点出主题"力"。

情境是学生具身性学习的场域，是连接学生经验和思维的桥梁，"送红包"这个情境中，学生的视觉、听觉、触觉全方位启动，能引发学生的学习需求，激活学生的学习动力，学生能产生具身性的学习感受，同时，该情境让学生的思维有了支撑，让学生接下来的探索成为一种积极的"实验"。由此可见，初中物理课堂应该重视情境创设，例如，在"光的折射"教学中，教师可以创设"捕鱼"情境，用水槽代替鱼池，小铁圈代替水中鱼，用竹签替换鱼叉，用吸管辅助标准方向，以此启动学生的视觉和动觉，同时提出为什么总插不到鱼的困惑。再比如，在"速度"教学中，教师可以带领全班同学到操场进行一场"跑步比赛"，该比赛情境能有效激活学生已有的知识经验，能有效挖掘学生的潜质。

二、实验探究，活化课堂

"具身认知"遵循美国著名教育家"杜威"提倡"教学合一"，倡导学生从"做中学"。"做中学"不是简单的机械操作，而是突出感知、体验等在物理认知中的作用。具身认知包括"实感具身""实境具身"以及"离线具身"。学生可以通过具身性观察、具身性操作、具身性建构、具身性创造、具身性表达等展开学习[3]。而物理是一门以实验为基础的学科，在实验探究中，学生要经历猜想、设计、操作、分析、分享等环节，每个环节都是学生的切身体会。因此，在物理课堂中，教师可以立足学生的认知起点，立足深度操作体验的视角，积极开展实验探究，这是一种行之有效的具身认知过程。

本课例中，在探究力的作用效果环节中，笔者呈现橡皮泥、橡皮筋、弹簧、气球、弹弓等生活器材，让学生通过自身肢体单独作用在这些物体上，继而让学生到讲台再现探究过程并分享实验结果，“力可以改变物体的形状”。在探究力的作用效果与作用点有关的实验中，笔者首先邀请班级的大力士和轻柔者，让两位学生分别用尽可能等大的力作用在教室门的不同位置并分享推门的难易程度。紧接着，组织全班学生两两合作，其中一位学生平举右手，另一位学生用尽可能相同的力按压第一位学生手臂的中间和手肘两处，感受按压的难易程度。最后演示钢尺实验，把一根钢尺的一端固定在铁架台上，在钢尺的中间和另一段分别挂相同质量的钩码，引导学生观察钢尺的弯曲程度。

本课例中，不管是探究力的作用效果，还是探究力的三要素，笔者设计了许多的具身性实验，第一个分组实验让学生经历捏、拉、吹等动作；第二个实验让学生两两合作，按压手臂，这些实验探究都让学生切身经历视觉、听觉、触觉等体验，真正落实“做中学”，让学生在活动中学习，深度理解相应的物理知识，提升学生物理学习，发展学生的核心素养。每个过程都是学生“身体”“心理”共同参与的活动，生动、有趣、有意义、有价值。教师在日常的教学中应有意识构建类似的实感性认知，善于引导学生用眼睛观察、用耳朵倾听、用嘴巴表达，例如，在“长度和时间的测量”教学中，教师可以让学生用身体丈量教室的长宽，用心跳估测时间；在“摩擦力”教学中，可以用不同压力按压桌面向前滑动，定性感知摩擦力大小的影响因素；在“牛顿第一定律”教学中，可以组织跳远比赛，感知惯性。总之，只有让学生通过自己身体的感受、体验物理知识，物理知识才具有生命力。

三、评价反思，深化课堂

“人只有通过他的自觉反思与批判才有可能发现生活的困境和问题，达到对现实生活较为全面的理解。”在具身认知学习中，教师不仅要构筑外部的情境，还要引导学生的具身性探究、认知，更需要引导学生进行高位反思，从而帮助学生形成意象图式[3]。通过学生的反思、评价，能促进学生对物理知识的深度理解，促进学生对物理知识的自我建构、重构，而且能彰显物理具身性认知的育人价值。具身性的反思评价要贯穿学生具身认知的全过程，因此物理课堂中，不仅要关注结果性反思和评价，还要引导学生进行过程性反思和评价。

本课例中，在学生完成“一指神功”的推门游戏和两两合作按压手臂的体验实验之后，为了让研究过程更加严谨，笔者组织学生进行反思、优化和评价等环节。让学生设计实验方案改进研究过程，学生或提出用绳子替代手臂进行实验，或提出用弹簧、气球等形变更加明显的物体进行实验。在笔者不断的追问中，学生不断地思考和改进方案，最后用钢尺替代手臂，用相同的钩码充当相同的按压力度。在课堂的最后，笔者也组织学生回顾本节课的学习内容，分享知识和情感收获，学生除了建立起本节课的知识框架，甚至设计实验，采用向不同方向扔纸团这一更简便的方法替代“推拉”老师来研究力的作用效果与力的方向之间的关系。

在上述过程中，笔者组织学生评实验、评他人、评自我、评过程、评结果，这样的具身性反思和评价，不仅提高学生研究问题的能力，加强学生科学思维能力，促进学生的物理深度学习，发展学生的物理科学素养，关键是还让学生形成了物理学习的积极体验，真正彰显、延伸物理学科的育人价值。教师在日常教学中，应该有意识地为学生创造反思评价的情境，需要基于具身认知中的“身学”，让学生亲身交互，深度体验问题和批判反思。例如在研究滑动摩擦力的影响因素中，许多学生会认为滑动摩擦力的大小和质量或重力有关，这也是学生的混淆点。教师可以将该猜想放大并抛还给学生，让学生设计简易方案证明或反驳猜想，并通过互相评价的方式不断优化设计实验；在完成滑动摩擦力的影响因素实验探究后，教师应启发学生反思实验的操作困难，引导学生进行实验改进。另外，教师要强化每节课的小结环节，利用小结环节完善思维导图，引导学生自我反思，自我构建图式。

人本主义学习理论认为，学习是一个情感与认知相结合的整个精神世界活动，情感和认知是学习者精神世界不可分割的部分，是彼此融合在一起的，学习不能脱离学习者的情绪体验而孤立进行[2]。基于“具身认知”的视角指导物理教学，将物理知识融入情境，用物理实验贯穿始终，实时关注学生的评价反思，注重身体与学习环境的相互作用，开拓学习空间，搭建多维学习体验平台，让师生身体有效融入课堂，才能满足学生深度学习的需要。

参考文献：

［1］任虎虎．基于多维具身体验深度学习高中物理学习重点［J］．物理教师，2018，39（10）：28－31.

［2］汪洋．构建具身学习环境 优化地理课堂学习活动［J］．地理教学，2019（11）：17－21.

［3］周钧．具身认知视野观照下的小学数学教学［J］．小学教学研究，2020（07）：77－79.

《流体压强与流速的关系》教学实录

时间：2016 年 5 月

地点：深圳市玉龙学校玉龙剧院

一、创设情境，导入新课

（呈现教室图片）

师：同学们，我们教室的门和窗相对，此时一阵风呼地从窗吹进来，门会怎样？如果风从门外吹进教室，门还会关上吗？

生 1：不会。

（教师用自制的门模型和吹风机模拟，演示实验 1，如图 1，门仍旧关上）

图 1

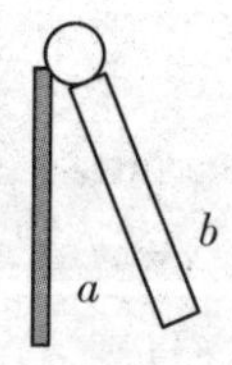

图 2

（学生观察实验）

师：（如图 2）没有吹风时，门是静止的；吹风时，门从静止动起来关上了。在物理学，我们称什么发生了改变？

生（异口同声）：运动状态发生了改变。

师：说明门此时收到什么作用？

生（异口同声）：力。

师：这个力只能是谁给的？谁与门接触？

生（异口同声）：空气。

师：两边都有空气，所以门前门后都有力，哪个力大？

生（异口同声）：Fa。

师：根据压强公式，面积相等，哪边气压大？

生（异口同声）：a。

师：为什么 b 边大气压会变小呢？

生 2：空气流动的速度变大了。

师：从这个实验发现空气流动的速度变化时，压强也发生了变化，那二者存在什么关系呢？这就是我们这节课要探究的内容，流体流速与压强的关系。

二、分组实验，探究规律

师：什么是流体？液体和气体都具有流动性，统称为流体。如：空气和水。那么压强与流体流速之间存在怎样的关系呢？

师：请大家利用我给大家提供的几组器材，纸、漏斗、乒乓球、烧杯、吸管、水槽、注射器、瓶盖、红墨水等器具，或者是自己身边的物品，设计实验验证自己的猜想。在实验之前，我们要明确探究什么？怎么探究？这里有三个小提示：1. 你们小组选用的器材是什么？2. 你们将采用什么方式改变哪部分流体的流速？3. 你们又是通过什么现象观察压强的变化？压强如何变？等会儿同学们也按照这个思路来跟我们分享一下你们的探究结果。比如：大家看，我选用的器材是两个乒乓球和吸管，我通过吹气的方式改变两个乒乓球中间空气的流速，乒乓球往中间靠拢，说明中间的压强变小了

(如图 3)。下面同学们小组合作进行探究，每组至少设计一个实验，湿巾是给各位消毒用的。

图 3

(学生分组探究实验)

师：下面请小组上台分享你们的探究过程及结果。

生 3：我们小组选用了漏斗和一颗乒乓球，当我们往管口吹气时，乒乓球没有下落。

师：请你们面向同学们演示一下。

(学生 3 演示)

师：果真，乒乓球没有下落，如果不吹气，放手后乒乓球会下落吗？你们再试一遍。

生 3：(演示) 会。

师：为什么呢？

生 3：受到重力。

师：此时除了重力，乒乓球上下表面有没有空气压力？

生 3：有。

师：而且两个力应该是相等，所以乒乓球在重力作用下就下落。那为什么吹气反而就不会下落了呢？你们能分析吗？

生 3：用嘴巴往管中吹气，乒乓球上方的空气流动速度变大，乒乓球不下落，说明上方的压强变小了，下方的压强不变，就把球拖住了。

师：所以你们得到的结论是？

生3：空气流动速度越大，压强越小。

师：好的，非常好，请坐。我们请第二组同学，烧杯、泡沫的这一组。

生4：我们把泡沫洒在水里，用这个棒子搅拌水中间，发现泡沫往中间挤压进来了。

师：所以，你们得到的结论是？

生4：中间水的流速大，压强变小；外面的水流速慢，压强比较大，就把泡沫压到中间去了。

师：非常好，解释得非常清晰。有人选用第三组器材的吗？两个瓶盖、注射器和水槽。好，有请。

生4：我们把两个盖子放在水槽中的水面上，等瓶子不动时，用这个注射器往两个瓶盖的中间注射水，发现两个瓶盖往中间靠拢。

师：好，也请你们现场演示一下？

（学生4演示）

师：所以你们小组得到的结论是？

生4：瓶盖往中间靠拢，说明中间的压强变小的，说明水的流速变大，压强变小。

师：好，还有其他小组选用了这组器材吗？

生5：我们也选用了这组，但我们不是这么操作的。

师：好，那你们也来演示一遍，你们是怎么操作的？

生5：我们没有用两个瓶盖，就用了一个瓶盖，把瓶盖也放在水面上，等它静止不动的时候，拿注射器向右边注射，我们看到瓶盖往右边过来了，大家可以看一下。

师：果真如此，很奇妙啊，你们继续分析一下，为什么会出现这种情况？

生5：因为往右边注射水，右边水的流速变大，瓶子往右边走，应该是右边的压强变小了；左边的水流速慢，压强比较大，所以把瓶盖压过去。

师：所以，你们和前面几个小组得到的结论都是相同的。很好。所以同样的器材我们可以有不同的实验方案，同学们要善于观察和思考。有哪些小组选用了最后一组器材的，两张纸，有请。

生 6：我们往两张纸中间吹气，两张纸往中间靠拢。

师：是吗？我怎么觉得应该往两边飞出去才对呢？

生 6：我们一开始也是这么想，但是实验做出来就是这样啊。

师：来，演示一下。

生 6：（演示）用手把两张纸拿着，让它竖直下垂，然后往中间猛吹一口气，看，纸往中间靠近了

师：我看到你的手不由自主也往中间靠近了，可以怎么改进呢？

生 6：让另一学生拿着也行。

师：我们还可以把两张纸固定在铁架台上，这样就能确保它肯定不动了。非常好，所以你们得出的结论是？

生 6：流速越大的地方，压强越小。

师：还有其他同学采用了其他器材吗？

生 7：我用了一个硬币，我把硬币放在一支笔前面，猛吹硬币，硬币就飞过笔了。

师：哦，你自带了一个硬币。你上来，也给大家展示一次。

（学生 7 演示）

师：哦哦，失败了，没事，再来，吸一口气，不要紧张。

（学生 7 演示）

师：成功了，刚才失败了一次，最后成功了，你有发现其中的技巧吗？

生 7：要尽可能水平吹硬币上方。

师：为什么？

生 7：因为斜向下吹，就把硬币压下去，水平吹，上面的空气流动速度加快，压强变小，硬币下面的压强大，就把硬币托起来了。

师：思维非常紧密，非常棒，与此同理，老师也给大家演示一个，器材很简单，就一张纸，我把纸放在嘴边，往纸上方水平吹气，同学们想一下，纸会怎么运动？

生8、9、10：向上。

师：这么肯定，我们来看一下。

（教师演示）

师：果真如此，这是因为？

生11：上方流速大，压强小；下方流速小，压强大，托起来了。

师：很好，和硬币跳起来是一个道理。从刚才一系列的实验探究中，我们可以得到，流体压强和流速的关系是？

生（异口同声）：流体流速越大，压强越小。

师：同学们，1905年冬天的一个早晨，俄国沙皇派往西伯利亚的一位钦差大臣，将要乘火车经过一个名叫鄂洛多克的小站。站长沃尔伦斯基，一大早就让部下把车站打扫得干干净净，身着笔挺的新制服，率领全站职工，手捧花束，排列在铁道两旁，恭候钦差大臣的到来。没多久，列车在汽笛声中风驰电掣般地冲进了由38名铁路员工组成的“人巷”。离列车很近的人们刚要举起手中的花束欢呼时，突然，所有的欢迎者都像是被人从背后猛推了一下，纷纷不由自主地向前扑倒下去……结果，这“魔鬼般的黑手”，造成了4人终身残疾，而包括站长在内的其余34人全都成了滚滚车轮下的冤魂！同学们知道知道这“魔鬼般的黑手”是谁吗？奇特的惨案发生后，地方法院开始调查案事件真相。然而，机车状况良好，司机和员工都没有违章操作。反复调查毫无结果，法官只好在判决书上写下了《圣经》上的一句话：“每个人都是上帝的羔羊，迟早要回到上帝的跟前！”著名的俄国科学家齐秋奥尔科夫斯基知道这一“判决”结果后，哀叹道：“可惜法官不懂伯努利定理……”谁能来解谜，谁是幕后的“黑手”？

生12：列车进站时，列车两边的空气流动速度较大，压强较小，站在列车旁边的人后面空气流动速度较小，压强较大，所以被压进去了。

师：这就是为什么我们铁路要设计安全线。如果当时站长知道压强和流速的关系，就能有效地避免这些灾难。当然我们学习物理知识除了要减小危害，更重要的是要利用它来为我们的生活服务。

三、演示分析，学以致用

师：比如，大家来看一下，我这里有一根排水管和一些泡沫（如图4）。大家有什么办法让这些泡沫升起来不？从下管口进去上管口出来。接下来，老师送大家一场雪（握住排水管中部，下管口对准泡沫，旋转排水管上端）。谁能解释一下？

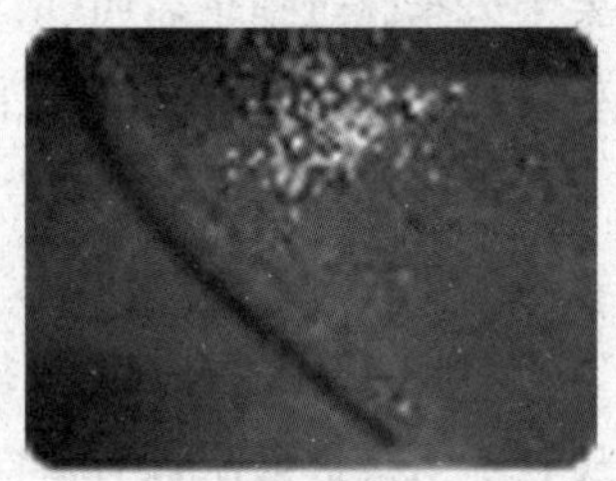

图4

生13：上管口旋转，带动周围空气流动，速度大，压强小；下管口不动，空气流动速度小，压强大，所以就把泡沫压上去了。

师：利用这种现象可以设计什么家用电器？

生14：吸尘器，油烟机。

师：非常好，只不过吸尘器和抽油烟机不能像老师这样抡管子，它们是靠电动机带动扇叶旋转改变流速的。这个小道理还有更大的应用，我们来欣赏一下这个情景。

（播放飞机模拟小鸟起飞的趣味视频及飞机真正起飞的过程）

师：大家别笑，鸟儿不就是通过扇动翅膀升天的嘛。只不过现实生活，飞机是这么飞的，那么飞机的升力是如何获得的呢？关键也在于它的翅膀，也就是机翼。大家有观察过机翼的形状吗？有没有谁能上讲台画一下机翼的切面形状？

（学生15上讲台画图）

师：飞机的机翼和鸟儿的翅膀一样都是流线型的，上端弯曲，下端平滑。我这里也做了一个类似的机翼（如图5）。我们来看一下，当飞机向前滑行时，空气相对飞机往后流动，这里机翼水平方向上不动，我用吹风机来产生流动的空气，大家观察一下机翼的运动状态。机翼怎么样？

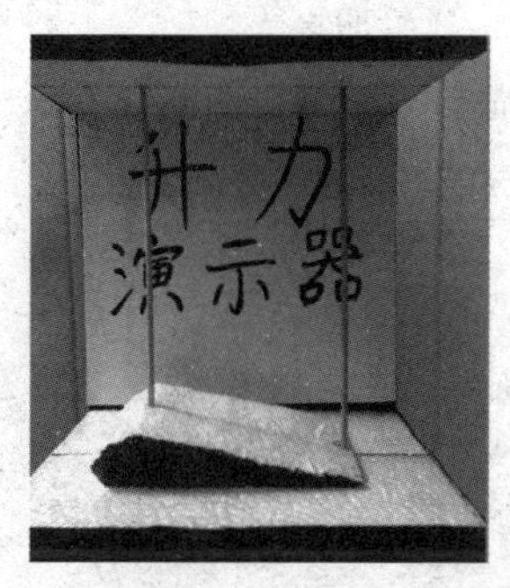

图5

生（**异口同声**）：上升。

师：为什么会升起来呢？有没有同学可以利用我们今天所学的知识尝试分析一下。

生16：上面的压强小，下面的压强大，把它拖上来了。

师：非常好，一股气流到达机翼前端时会被分成两股。这两股气流同时到达机翼尾端。由于机翼上方路程比较大，所以气流速度较大，压强小；下方路程短，气流速度慢，压强大。在上下这个压强差的作用下，就产生了一个向上的托力。于是乎，飞机就飞起来啦！

四、师生交流，拓展提升

师：一个小小的流体压强与流速的关系就能为我们做这么多事。作为一名学生，我们在感叹人类智慧无限的同时，更应该有一种将所学知识应用到实际的意识。我这里就有一个问题，需要大家来帮我出谋划策。大家比一比，看哪个小组的想法更有建设性。先来看一个短片（跑车漂移）。太危险了，我们都知道，汽车为了减少空气阻力，会把外观设计成流线型的。可是在高速运作的情况下，像飞机，很容易就升空啊。怎么办？那怎么加强跑车的着地性？

生 17：加重底盘、汽车加重等。

师：灰雁在遇到强空气流时会将身体翻转 180（如图 6）。大家可以从灰雁身上找点灵感。

图 6

生 18：可以把车设计成上方平滑，下方弯曲。

师：你这创造力，离爱因斯坦不远了。只是这个设计，比较适合身材比较矮小的人。我们正常人很难伸腿，再改进改进。

（图片展示几种跑车）

师：大家注意观察汽车尾部，这就是汽车偏导器，实际上也就是利用了刚才那位同学提出的想法。

五、小结归纳，布置作业

师：好，那么这节课你都学习到什么呢？

生 19：流体流速越大，压强越小。

生 20：飞机起飞是大气压托起来的。

师：这节课我们主要通过实验探究了流体流速与压强的关系，并了解其在生活中广泛的应用。下课后，同学们查阅资料了解足球比赛中的“弧线球”（又称香蕉球原理）、乒乓球比赛中“上旋球、下旋球”原理。下课！

自制教具在初中物理课堂的有效应用

摘要：在新课程理念指导下，利用生活中常见的器材自制教具来辅助物理课堂教学，能有效地激发学生的学习兴趣，提高学生的创新能力和动手实践能力，从而培养学生的物理科学素养。本文对新课程背景下实验器材的创新要求进行分析，进而以《流体压强与流速关系》课程为例，阐述了自制教具的一般过程和演示效果。最后，对自制教具激活物理课堂的教学效能加以阐明。

"物理物理，由物及理"，"物"指事物、物体、现象，"理"指道理、原理、规律，先有"物"才有"理"，因此，物理课堂应该设法让学生先见"物"，再悟"理"。而物理课堂通常是通过实验进行探究活动，教学过程中需要大量的器材，实验室的器材虽然琳琅满目，但并无法完全支撑真实课堂中遇到的教学难点和重点，而且，麦克斯韦曾说过："实验的教育价值往往与仪器的复杂性成反比。"因此教师应该利用生活中常见的器材自制教具，以期提高兴趣，激活课堂，提升课堂教学效果，培养学生核心素养。

新课程改革对实验器材提出4点要求：1. 绿色环保，节能减排；2. 源于生活，简约易行；3. 避免伤害，保障安全；4. 新奇有趣，激发兴趣。教师应当按照这几种原则开发教具，下面以《流体压强与流速关系》这节课为例，阐述自制教具的一般过程和演示效果。《流体压强与流速的关系》是一节与生活联系相当紧密的应用课，该原理并不复杂，但是利用该原理分析日常生活的常见现象或加以应用则有些困难，因此笔者尝试利用生活中的常见器材自制教具，既可以直观化、简化该原理在日常生活中的应用，也可以实现课堂的趣味性、流畅性和深层性。

一、自制教具，趣味导入——“门实验”

（一）制作材料

泡沫、门轴合页、螺丝

（二）制作方法

从泡沫盒中割下等大的两片泡沫，一片大小约 15cm × 20cm，另一片大小约 5cm × 22cm；用门轴合页和螺丝将两片泡沫固定在一起（如图 1），大片充当门的角色，小片充当墙的角色，“门”能围绕“墙”自由转动。在制作过程中，因为泡沫容易变形，安插螺丝时，容易松动，所以可以在门轴合页下面的泡沫上贴上一圈透明胶。

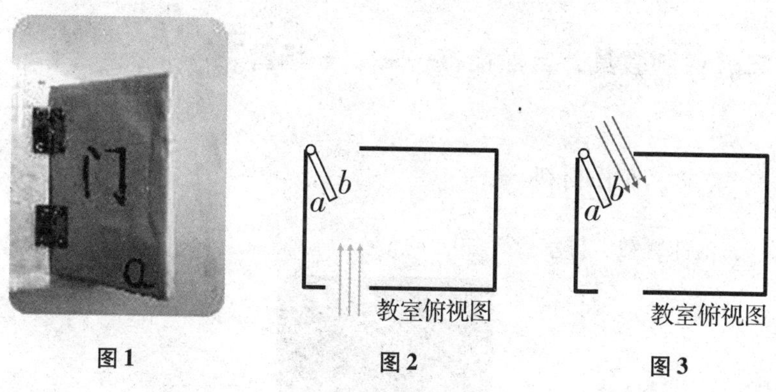

图 1　　图 2　　图 3

（三）呈现效果

演示时握住“墙”固定在水平面上，利用吹风机模拟自然风，第一次从“门内”（a 侧）往外（b 侧）方向吹风（如图 2），“门”关上；第二次沿着 b 面往里侧吹风（如图 3），“门”仍旧关上，这与学生的前概念冲突较大，笔者以此为契机，采用师生对话方式，辅助学生分析。“门”转动说明受到大气压力的作用，而且从a侧往b侧转动，说明a侧大气压力较大，b侧大气压力较小，即b侧大气压强变小。b侧大气压强为什么会变小？缘于空气流动速度发生了变化，那么流速与压强之间存在怎样的联系呢？笔者由此引入本节课的探究主题。物理既是一门实验学科，也是一门生活学科，生活是学习物理的基础，而物理是认识生活的方式。所以，从生活中常见的“门”现象出发，提出问题，能够把学生已有的认知物理化，为后续逐步把学生的生活经历过渡到物理认知层面，再通过物理反过来认知生活，从而形成更为准确的物理观念做铺垫。另外，该情境与学生的原有认知发生冲突，能有效激发学生探知的兴趣，唤醒学生的认知思维，激发学生学习的内驱力。此外，到底流体压强与流速之间存在怎样的关系，这个实验也起到了一定的启发作用，能为学生下一阶段的猜想假设提供依据。

二、自制教具，自然衔接——“一场雪”

（一）制作材料

泡沫颗粒、排水管（如图4）

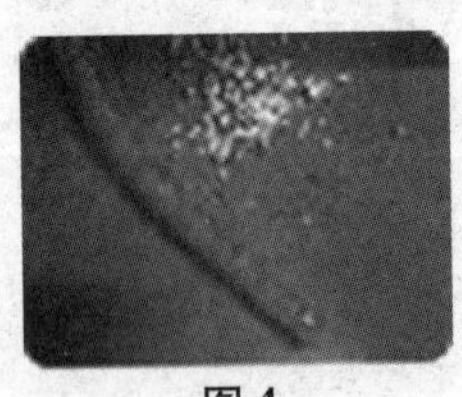

图4

（二）制作方法

把泡沫颗粒装在一次性水杯（或铺在水平面）中，教师一只手

将排水管的下端对准泡沫颗粒，固定下管口，另一只手握住排水管中部，旋转排水管上端（如图5）

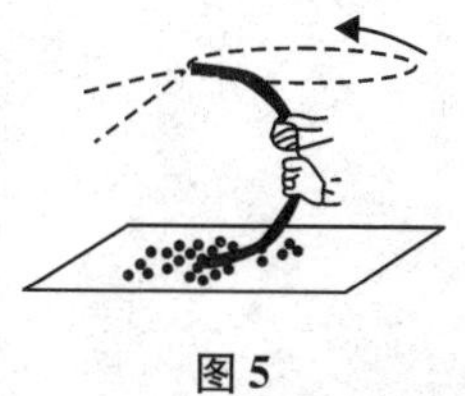

图5

（三）呈现效果

笔者将泡沫放置在一次性水杯中，固定排水管下管口，行走在学生中，旋转排水管来模拟下雪，学生尖叫不已。初中课堂从问题的提出、问题的探究到问题的解决及应用，是一个非常完整和紧密的思维过程。然而，现实课堂中，很多教师在处理学生的思维活动和实践活动中总是机械地串联，采用“接下来”“下面”等单一术语过度，缺乏启发性、艺术性、连贯性。而本节课，笔者非常重视课堂环节之间的自然过渡和衔接，例如：笔者通过“鄂洛多克的小站”的故事，一方面唤起学生对身边生活世界的细微观察和积极关注，促使学生利用刚习得的知识解释“灾难背后的那只魔手”，并迁移到如何有效避免类似灾难，提出铁路“安全线”的设计，渗透生命科学教育；另一方面，启发学生学习物理知识除了要减小其带来的危害，更重要的是要利用它来为我们的生活服务。在此基础上，通过自制教具，演示“泡沫升空”，将生活中日用电器“油烟机”和“吸尘器”的内部结构显化并简化，从而巧妙地过渡到知识的应用环节。这样的处理能让课堂更加和谐统一，同时，自制的“这场雪”又再次活跃课堂气氛，点燃学生的学习热情。

三、自制教具，深层应用——“机翼模型”

（一）制作材料

泡沫、竹签、卡纸

（二）制作方法

用泡沫块剪切一个机翼模型，用蓝色或红色水彩笔将机翼切面涂上颜色，方便观察。在中轴线的前后固定两根竹签（其中一根竹签可以固定在机翼最尾端，直接在机翼中轴线尾端开一个半圆形小孔，这样设计一方面可以固定机翼，防止起飞时左右摆动，另一方面可以减少摩擦，增大实验的演示成功率）。切割三块方形泡沫，并按“匚”型粘贴在一块，竹签上下端固定在上下两块泡沫中；最后用卡纸美化外观（如图6）。

图6

（三）呈现效果

采用吹风机模拟气流，从机翼前端往后吹，机翼明显上升。虽然流体压强与流速的关系在生活中有很多应用，但是有些应用和学生存在较大距离感，例如油烟机和吸尘器的内部结构、喷洒装置、特别是飞机起飞原理等，而教学需根据学生的认知水平和心理特点设计教学环节，给学生提供合适的脚手架。因此，笔者为了促进学生从正确的物理视角认识飞机的运动，提高学生的综合分析能力，先通过一个飞机升空趣味动画，类比小鸟飞翔，播放真实飞机升空视频等一系列动作引导学生关注飞机起飞的关键——机翼，继而引导学生画出机翼的横截面并利用自制机翼模型和吹风机模拟演示飞机起飞过程，促使学生在这个模拟情境中去体验，唤醒学生思维，尝试分析并深层理解飞机起飞成因，把自身的经验性常识转变为物理观念。

陶行知“生活即教育”的理论指明了物理的教学方向，物理教学内容应该和现实生活联系，让学生通过对生活中提炼的物理观念学习，感受生活化的物理学科，学生的学习内容和学生熟悉的生活情境越相似，学生主动建构知识的程度就越高，所以教师应该采取生活化的形式来帮助学生内化物理概念。自制教具就是其中行之有效的一种策略，笔者运用直观教学法，采用生活中非常经济的泡沫道具就有效地解决了本节课的重难点，各演示环节形象直观，各自制教具简单明了，学生在教师的潜移默化影响下，其学习热情、创造性思维、洞察能力等都得到有效激发。除此之外，课堂的有效性也得到有效提升。

心理学家皮亚杰指出，活动是认知的源泉，也是思维发展的基础，在认识不断演变建构的过程中，主体活动是第一性，是发展的根本原因。学生天生爱“动”，所以教师要善于用“动”引发学生思维。教师除了要积极利用自制教具演示实验，活跃课堂，还需要形成“以动带动”的意识，鼓励学生利用生活中常见器材，如：乒乓球、注射器、水、废铁片、可乐瓶、硬币等模仿已有器材进行自制；或对课本上一些实验装置进行革新，改造，以提高实验效果；或在相关理论和知识的支持下，尝试研制一些教材以外、兴趣之内的创新项目。总之，不管是教师自制教具还是鼓励学生自制教具，自制教具在物理教学过程中都存在重大意义。

《声音的特性》教学实录

时间：2017 年 10 月

地点：深圳市玉龙学校微格教室

一、复习前知

师：同学们好，这单元我们学习的是声现象，回忆上一节课的知识，你还记得声音是怎么产生的吗？

生 1：老师，是因为物体的振动。

师：哦，记得真清楚，但声音产生了你就一定能听到吗？谁来说一下。

生 2：声音产生后，还需要通过介质传播到人耳。

师：你能再具体说下介质包括哪三类吗？

生 2：固体、液体、气体。

师：答得真好，请坐。同学们，三种介质中，哪一种传播声音的速度最快、效果最好？

生（异口同声）：固体。

师：然后呢？

生（异口同声）：液体、气体。

师：而我们通常听到的声音从哪里传来？

生（异口同声）：空气。

师：所以我们生活中说的声速是指在哪种介质中的速度？具体速度是多少？

生（异口同声）：空气中的传播速度，速度为340m/s。

二、新课引入

师：看来同学们上一节课的知识掌握得很扎实。通过上节课的学习，我们已经知道，声音都是像水波一样的波，一个振动不断向前传递，没有一个声音例外。但是我们听到的声音千差万别。比如说周杰伦一唱歌，大家赏心悦目，但老师一唱歌，就有点奇怪了。所以，这节课我们通过探究声音的特性，看看为什么声音之间会不一样。

（学生大笑）

三、新课教学

（一）振幅与频率概念引入

师：其实声音的第一个特性，大家都非常熟悉了，我们在上音乐课的时候常说的高音低音，是说这个声音的什么高什么低？

生（异口同声）：音调。

师：但音调的高低是什么造成的呢？大家猜一下，想好的同学可以起来回答。

生3：物体振动情况的不同。

师：这位同学从上节课的知识出发，进行猜想，值得称赞。声音是一个波，可以理解为一个在传递的振动，所以声音不同，很可能就是它振动情况的不同呀。

师：所以我们接下来要研究一下振动与声音之间的关系，研究之前，我们先来观察老师通过广播体操的弯腰运动演示的振动。

师：弯腰运动一（改变弯腰运动的幅度）。可以看到这两个振动的什么不同？

生（大笑）：幅度不同、范围不同。

师：同学们说得没错，我们一般把振动的幅度称为振幅。（板书）

师：再来看第二个弯腰运动（改变弯腰运动的动作频率）。这两个振动有什么不同？

生（大笑）：速度不同、快慢不同。

师：在振动的时候，我们一般不用快慢来对其进行形容，我们可以称刚刚两个振动的频率不同，频率指的是1秒内来回振动的次数（板书）。一般来说，如果振动很快，那就是1秒内来回振动次数很？

生（异口同声）：多。

师：我们可以说振动的频率比较？

生（异口同声）：高。

（二）音调的探究

1. 实验准备

师：好，那我们现在开始进行实验探究。实验一，我们研究一下改变振动的频率会怎么改变声音。实验工具主要是已经准备好的钢尺。我们实验时将钢尺压在桌面，其中一段露出桌面，波动它，使它振动发声，但你们知道怎么改变钢尺振动频率吗？

生4：改变伸出桌子的长度、改变拨动尺子的力度。

师：能否改变拨动钢尺的力度？

生5：没有明确答案。

师：根据控制变量法的要求，每次实验只能改变几个条件？

生（异口同声）：1个。

师：如果我们改变拨动钢尺的力度，还可能改变了什么？

生（异口同声）：钢尺振动的幅度。

师：所以，接下来的实验中，我们改变钢尺伸出桌子的长度分别为1/4、1/2、3/4。观察振动频率的变化和声音的变化。记住大致使得尺子振动幅度不变，每组实验做三次或者更多。按照我们平时的分组、根据实验单，开始实验吧。

2. 学生进行分组实验，教师指导，与各个小组交流。

师：注意把钢尺和桌面的连接部分压紧。

生6：好的。

师：你们组的实验进行得怎么样？

生7：老师，我们发现振动快的时候，音调听起来好像高一点。

师：你们探究得很认真，现在跟我一起再来描述一下实验结果，我们发现钢尺伸出桌面的距离越短的时候，振动越？

生7：快。

师：振动越快，意味着频率越？

生7：高。

师：这时发出的音调越？

生7：高。

师：很好，我们描述实验的时候尽量把操作和结果都清楚地表达出来，明白了吗？

生7：明白了。

生8：老师，我感觉听不出来音调的高低。

师：一般来说，音调高的声音听起来清脆尖锐，音调低的声音听起来低沉雄浑。如果你实在听不出来，让小组里音乐感比较好的同学带你多比较几次。

3. 实验结束，分享与交流

师：各小组整理器材，回到座位，有哪个组先来分享一下实验过程与结果？第3小组先来。

生9：这是我们组的实验数据表格。我们通过改变钢尺伸出桌面的长度，改变了尺子的振动速度。

师：我打断一下，振动速度在这里可以用什么来描述？

生9：振动频率。

师：很好，请你再说一次。

生9：我们通过改变钢尺伸出桌面的长度，改变了尺子的振动频率。我们发现振动频率高，声音的音调高；振动频率低，声音的音调低。

师：谢谢你的分享。其他小组有想发表看法的吗？第5小组，请你们派代表发言。

生10：老师，根据控制变量法的要求，实验过程中还要保持钢尺的振动幅度大致不变。

师：感谢你们的提醒，我在观察的过程中，发现第3小组的同学在实验过程中，是有注意这一点的。下次可以注意把实验细节更仔细地描述。还有其他小组要发言吗？没有的话，我们来做一个小结。

师：我们从刚刚的实验发现，音调的变化和发声体振动的频率有关。发声体振动的频率越高，声音的音调越？

生（异口同声）：高。

师：老师这里用示波器展示一下音调不同的声音的波形图。大家可以明显地看到，他们的振动频率不同。此外，大家在生活中，肯定还听过超声波等概念。科学家通过实验发现人能听到的声音频率为20～20000 Hz，赫兹是频率的单位，1 Hz就是1秒振动1次。频率低于这个范围的声音叫作次声波，频率高于这个范围的声音叫作超声波。这两种声波人类都听不见，但他们在生活中有广泛的应用，比如说蝙蝠是利用什么定位的？

生11：超声波。

师：没错，屏幕展示的就是超声定位的示意动画。根据蝙蝠超声定位的原理，我们人类也设计出了超声波测距等仪器。次声波的有趣应用也很多，大家可以看桌面的资料单。

（三）响度的探究

1. 实验准备

师：好，声音除了音调不同之外，还有一个不同，你们注意观察老师的声音。你好（响度小），你好（响度大）。有什么不同？

生（异口同声）：声音的大小不同。

师：我们一般用响度来描述声音的大小，响度的变化又和什么有关呢？

生（异口同声）：物体振动的幅度。

师：好，大家的猜想比较一致，那你们能自己设计实验验证吗？

生（异口同声）：可以。

师：那么老师给大家准备了音叉、乒乓球、一盆水，大家利用这些设备自行设计实验。

2. 学生实验，教师随机指导

师：你们组用了什么实验方法？

生12：用不同的力敲击，音叉会发出响度不同的声音，然后我们用手感受一下音叉的振幅，再总结振幅和响度之间的关系。

师：你们思路清晰，但是用手去感觉是否会有误差？能不能用上其他工具？再想一下。

师：你们组实验得怎么样？

生13：老师，我们实验成功了，发生物体振动的振幅大，发出的声音就大。

师：能说一下具体方法吗？

生13：我们用不同的力度敲击音叉，然后用乒乓球靠近音叉，乒乓球弹得远，说明振幅大，反之振幅小。我们发现当音叉振幅大的时候，发声的响度大。

师：你们的实验进行了几次？

生13：我们已经尝试了七八组实验了。

师：好的，你们的实验很细心和规范，待会儿一定要发言。

师：你们组实验完成了吗？可不可以讲一讲你们的实验？

生14：老师，我们完成实验了，我们敲击音叉，然后把音叉放入水中，通过水的波动幅度来判断音叉振动的幅度。最后我们经过多次实验发现发声体的振幅越大，发出的声音响度越大。这是我们的记录表格。

师：好的，恭喜你们完成实验，待会儿可以积极发言。

3．实验结束，分享与交流

师：我们看到每个小组都完成实验了，请大家整理仪器，回到座位。想发言的小组可以举手，说说你们的实验。好，第6小组先来。

生15：大家好，我们小组用的方法是敲击音叉，然后用乒乓球靠近音叉，通过观察乒乓球被弹开的程度，得知音叉的振幅。最后我们多次实验发现，音叉的振幅越大，发出声音的响度也越大。

师：你可以给大家演示一下吗？

生15：好的。

（学生演示实验）

师：好，感谢第6小组的分享，其他小组同意他们结论的请举手。好，看来大家都同意。有没有其他小组上来演示一下不同的方法。好，第8小组来，大家掌声欢迎。

生16：大家好，我们是这样操作的，首先敲击音叉，然后将音叉迅速放入水中，看看水面波动的幅度，水面波动大说明音叉振幅也大。我们经过多次实验，得出了和上一组同学一样的结论。

师：谢谢你们的分享，其他小组还有不同意见吗？好，看来大家的结论都一致。我们从波形图来观察一下响度不同的两个声音，可以看到它们的什么明显不同？

生（异口同声）：振幅。

师：这从另一个方面证实了我们的结论。

（四）音色的探究

师：同学们，我们通过实验得知，发声体振幅越大，声音的响度就越大。我们搞清楚了声音的音调和响度变化，那是不是音调、响度一样的声音，我们听起来是一模一样的呢？大家注意听一下两段音乐，他们的音调、响度相同，仔细对比一下。声音相同吗？

生（异口同声）：不同。

师：谁来说一下？

生 17：老师，一个是钢琴的声音，一个是小提琴的声音。虽然它们的音调和响度差不多，但是听起来差别还是很明显的。

师：谢谢你的回答，可以看出你对音乐知识有不错的了解。这个例子告诉我们，声音除了音调和响度两个特性，至少还有另一个特性。我们来观察刚刚两首曲子的波形图，发现有什么不同了吗？

生 18：曲线不太相同。

师：他们的振幅、频率基本是？

生（异口同声）：相同的。

师：就如大家看到的，波形曲线的细节不同，使得声音听起来不同。我们把这种不同叫作音色不同，其实也就是大家常说的音质不同。

四、课堂小结

师：同学们，通过这节课的学习，我们知道了声音的几种特性？

生（异口同声）：三种。

师：并且，我们发现，发声体振动的频率越高，音调越？

生（异口同声）：高。

师：发声体振动的振幅越大，响度越？

生（异口同声）：大。

师：好，这节课我们就上到这里，下课。

朴素物理课堂的趣味与启发

——《声音的特性》教学思考

摘要：在当前教学环境下，物理课堂中各种新奇创新的实验成了一大亮点，极大地吸引了学生注意力，从而提升学生学习兴趣。然而，仅依靠直观的吸引往往走不远，朴素的物理课堂依然值得每位年轻教师细细品味。在朴素的物理课堂中，依靠逻辑清晰、语言生动幽默的教学设计带给学生不朴素的趣味与启发，结合生活中朴素的材料，坚持严谨的科学态度，给学生自由思考的空间，一样能生成一堂趣味十足的课。

关键词：朴素课堂；语言设计；实验探究；自主学习

开放互动的课堂受到广大师生的喜爱，尤其是以实验室为基础的物理课堂，它给了学生和老师一个巨大的“舞台”来展示自己的十八般武艺。于是，在科技不断进步的时代背景之下，物理教学的“创新设计”可谓花样百出，我从一次又一次的观摩中受益匪浅。然而，在我心中也产生了一个疑问，特别的实验、新奇的装置虽然能一下子抓住孩子们的目光，但在这种直观刺激的背后，孩子们是否真正做到了深入地观察与思考？还是仅仅习惯于接受直观的刺激而不乐于花“苦功夫”思考？我们教师作为课堂的引导者和组织者，不能为了展示而展示，把课堂变成哗众取宠的舞台，如何真正构建一堂高效的物理课堂值得深入地反思和探讨。

回顾将近30年的教学经历，我发现在条件落后的年代，也有教师能靠手中的一支粉笔在物理课堂没有新奇的物理实验设备和多媒体技术的情况下，同样能很好地激发学生对物理的学习兴趣，这说明“形式”背后的教学内容与方法更值得我们关注。我们应该从更深层面去思考如何让孩子感受物理本质的魅力，避免走入形式主义的误区。在这样的思考背景下，我设计了《声音的特性》一课，想在朴素的物理课堂中，给孩子们不朴素的趣味和启发。

一、生动的教学语言设计

物理教学是一门艺术，包括表情、声音、肢体在内的教学语言必须形象生动且具有逻辑性，使其真正成为物理知识传递、师生间情感交流的依托和纽带。在《声音的特性》一课中，大部分教师在讲解“振幅”和“频率”时，会在探究“响度”“音调”变化的实验过程中引出。但这样的设计会存在以下瑕疵：1. 在实验探究过程中同时出现了“响度”“振幅”“音调”“频率”四个新的概念，对学生的学习产生了阻碍（在我的实际教学中，我能感受到大多数的学生在课后会对这四个概念的关系有一定程度的混淆）；2. 从观察的角度，如果学生没有事先意识到“振幅”“频率”的概念，在观察的时候，又怎么会注意这两点呢？可能会有教师选择在实验记录单上进行提醒，但如果这样容易导致另一个后果就是学优生快速领会实验意图，带领小组按照自己的理解进行实验，而同小组的学困生可能全程都还没来得及找到观察的重点。因此，我在做教学设计时，注重风趣幽默的肢体语言，消除学生倦怠心理的同时激发他们的学习兴趣。通过一个“广播体操”的演示，让学生清晰地认识到对一个“振动”或“波动”的描述可以从“振幅”和“频率”两方面入手。为什么不用标准的实验器材做演示，而要用教师的人体做演示呢？我想学生在听到教师要做“弯腰运动”时，会变得好奇又兴奋，当他们看到我分别做出振幅不同、频率不同的弯腰运动时，会为我“滑稽”的样子而哈哈大笑，在愉快地氛围中很直观地意识到振幅和频率概念的存在。若是我直接拿出一套仪器，怕是一些物理基础较弱的同学心里马上就会紧张起来，心想“这个知识肯定又学不会了”。所以，我的演示很大程度上缓减了学生的畏难情绪，让学生在愉悦自信的情景下掌握知识。这虽是一个朴素的演示，并未用到浮夸的教具或前沿的教学手段，但只要把握语言设计的生动性和幽默性，确确实实能够激发学生的思考。这个演示的实质也很简单，就是用到了类比的思想，巧妙地运用形象生动的肢体语言把抽象的物理知识比作常见的生活常识，把深奥的理论形象化，从而让难点变得浅显易懂。由此可见，物理教学的语言特点和教学方法的思想性对于高效物理的构建十分重要。

二、严谨的实验探究设计

实验研究是物理教学的核心，特别是对于“声音”这种可以直观感知到的事物，我们需要通过恰当的实验让学生学会辨别不同的“声音”。本课在进行实验探究的过程中，我的道具只有一把钢尺，材料着实简单，甚至都不足以吸引学生的注意，但是这把钢尺在学生知识体系建构中却能起到四两拨千斤的作用。在年轻教师的课堂中（包括我自己年轻时），我发现经常存在这样一种现象：如果课堂中有“出彩”的实验，他们会显得信心十足，但是如果课堂中没有出彩或丰富的实验素材，他们便会对学生的学习积极性有些担忧。于是产生了如下想法：既然我这节课没有精彩的实验可以设计，干脆利用习题等方式来替代实验环节，这样可以一定程度上节省课堂时间。然而，这恰恰是物理教学的大忌，规律的得出一定是经过严谨的实验和推理的，这是最基本的科学态度，也是科学教育的核心所在。我自己的心得是，不论实验工具多么简单，一定要有严谨的推理演示过程。在本课中，在学生观察实验之前，我通过“弯腰运动”引出了振幅和频率的概念，再把“我”替换成“钢尺”，进一步让学生观察探究振幅和频率的改变引发了声音什么的改变，并且经历了带领学生收集整理各组意见的过程，最后观察声音的波形图得出结论。过程中，每一个细节、每一次提问其实都是孩子们必须经历的思考过程，正是这些细节的设计，让课堂自然地从学习过程走向结论的得出。朴素的课堂更需要追求严谨的教学思路和精简的实验设计，把最本质、最重要的知识和技能展现给学生。

三、开放的自主学习设计

在物理教学的过程中，很多教师仍存在过于强调知识传授的现象，从而忽视了学生个性和其学习自主性的发挥。譬如，有时候在一堂课里需要呈现多个实验，如果每个实验都照本宣科地让学生按要求进行，学生难免会觉得发闷，再精彩的实验，次数做多了也就没那么精彩了。那么如何打破这个困境呢？我在《声音的特性》这一课中采取的办法是给学生多种器材，让学生自主设计实验，把课堂归还给学生。这样做的目的是，让学生根据预设问题，自己实现探究方式，最后再得出问题答案。从学生看老师演示实验，到按老师的要求进行实验，都忽略了学生的主观能动性，将学习的脑力劳动转化为体力劳动，物理实验的设计以及问题的探究思考这个环节被弱化或者忽略。我采用学生自主探究实验的方法，将物理探究理论与学生实验技术活动相结合，大大提高了学生学习的自主性。在这个过程中，充分强调了学生在学习中的主体地位，提高了学生的动手能力，强化了学生的发散性思维。我们做实验并不一定追求正确的实验数据，而是重视学生在实验过程中展现的自我思考问题和解决问题的能力，这也是将来在物理科学研究中一项很重要的能力。在这个过程中提出想法，改进实验分析错误的能力，比结果本身更加重要。我提供给学生“音叉、水槽（含水）、线拉着的乒乓球”，让他们自己去探究振幅与响度的关系。这样一来，就有两套实验方案，任学生学习而不用被老师“安排”，并且设计实验的过程中学生可以自由观察和思考各个器材可能有什么作用，这大大增加了实验的趣味性。当然，实验提供的器材不宜太难领悟，否则容易本末倒置。

曾经听过这样一个比喻，将教师的教学能力比作人体。最开始我们只有骨架，我们先学会给课堂建立科学的框架，但也只有框架，慢慢地我们有了血肉，我们的课堂开始丰满、灵动、有滋养力，不过不能止步于此，最后我们要让课堂拥有灵魂，那是课堂魅力、效果的最高体现。我的理解就是我们在朴素的物理课堂骨架下，如何让每个模块变得丰满有趣、富有自己的风格是我们要不断去积累的。幽默生动的教学语言、逻辑严谨的探究实验、积极有效的课堂互动等便是给课堂注入了灵魂，使其变得更加丰盈且精彩。

《探究滑动摩擦力的影响因素》教学实录

时间：2017 年 4 月

地点：深圳市玉龙学校微格教室

一、知识回顾，趣味引入

师：同学们好。在上课之前我们来看这样一道题（如图 1），选什么？

一人用300N的力沿水平方向拉着重600N的箱子在水平地板上做匀速直线运动，则地板对箱子的阻力大小为（　）。

A.200N　　B.400N

C.300N　　D.100N

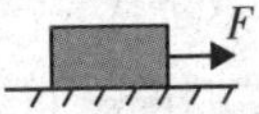

F

图 1

生（异口同声）：C。

师：选 C。为什么？谁来说一下？

生 1：由题目所得，这个箱子是做匀速直线运动，所以它是平衡状态。然后可以得出作用在物体上的两个力大小相等，方向相反。

师：好，大家听懂了吗？

生（异口同声）：听懂了。

师：那对这个小木块简单的受力分析，在水平方向上受到哪些力的作用？

生1：拉力。

师：还有呢？

生1：摩擦力。

师：还有一个摩擦力，刚刚同学已经解释了，关键是在于物块这时在做什么运动？

生1：匀速直线运动。

师：所以水平方向上？

生1：二力平衡。

师：所以这个阻力就等于拉力的大小。好，请坐，非常好。这是我们对上一节课二力平衡的一个简单回顾。那么下面同学们一起来做一个小游戏，抓手游戏。同学们两两合作，一位同学两只手夹住另外一位同学的手，准备好动作。待会儿游戏的时候我请同学们思考两个问题。夹持者思考要怎样才能让这一个被夹人更难抽离？被夹的人思考一下如何才能够更容易抽离？好，听我的指令，预备开始。

（学生们开始做游戏）

师：好，同学们说一下，怎样才能够更容易抽离？

生2：上下动。

师：还有吗？

生3：更用力。

师：还有不同的想法吗？你来说。

生4：如果你的手充满汗就比较容易抽。

师：那我如果再给你提供一点道具你会选择什么？

生4：水。

师：请坐，你说。

生5：紧的话他就比较难抽出去。

师：用力压是吧？好，谢谢，请坐。还有没有其他的？还有谁想说吗？刚才同学们提供的这几种办法实际上都有一个共同的目的，就是改变什么？

生（异口同声）：摩擦力。

师：改变手与手之间的摩擦力大小。那么这节课我们就重点来探究影响滑动摩擦力大小的因素。基于我们刚刚的这个小游戏，你们猜一下影响滑动摩擦力大小的因素可能有哪些？

生6：粗糙。

师：接触面的粗糙程度。好，请坐。还有吗？

生7：物体承受压力的大小，所受拉力的大小。

师：你觉得跟拉力大小有关系？

生7：主要和力的大小有关。

师：哪个力呢？

生7：压力。

师：你觉得跟压力的大小有关，还有谁？你来说。

生8：跟接触面的面积有关。

师：你觉得跟接触面的面积有关，可不可以说一下依据？

生8：因为我们拉一张桌子的时候，你可以这样拉和这样倒过来拉。

师：你举一个例子。

生9：汽车都是有刹车系统嘛，有些车因为比较重，所以它刹车盘面积就比较大，这样的目的是为了增加摩擦力。

师：好，你们觉得除了接触面积，还有其他吗？你说。

生10：跟速度有关。

师：为什么呢？你可以说一下你的根据吗？你为什么觉得跟速度有关呢？

生10：拉快一点跟拉慢一点一样吗？

师：拉快一点跟拉慢一点，有什么不一样？

生10：拉力。

师：你觉得它运动的快慢不一样，是这个意思吗？所以你觉得它的摩擦力不一样？

生10：对。

师：好，请坐，有没有不同意见？

生11：那个跟速度有关，我猜是错觉。就是你用力地去抽，其实加的是力度，而不是说跟速度原本有关。

师：你觉得原本速度之所以变得快一点，是因为你本身外界施加这个力大是吧？

生11：对。

师：那到底是拉力还是速度会带来影响呢？

生11：拉力？

师：其实启动时拉力不同，速度也会受影响，所以我们待会儿可以研究速度会不会对滑动摩擦力带来影响，从而反过来印证拉力不同，滑动摩擦力是否也会不同。

二、分组实验，探究规律

师：同学们提出的猜想挺多的，那下面我们就来研究一下影响滑动摩擦力大小是否跟这些因素有关？不过在探究之前我们也来先解决一个问题，你既然要研究滑动摩擦力大小跟这些因素有没有关系，你得先知道滑动摩擦力大小。那怎么测量滑动摩擦力的大小呢？给同学们一点时间，你们小组间讨论一下，可以借助你们桌边的器材，比如我现在要研究这个滑块在这一个木板上面滑动时的摩擦力大小，怎么样来测量？

（学生小组讨论）

师：好，大家暂停，把仪器放好，哪个小组来说一下？怎么样测量滑动摩擦力的大小？

生12：我们先将弹簧测力计调零，然后钩住木块并缓缓地拖动它，然后观察它的数值大概在哪个地方，比如现在弹簧测力计的示数大概在0.1 N左右，那滑动摩擦力大小应该就是0.1 N。

师：那我有一个问题，你怎么觉得这个拉力就是滑动摩擦力的大小呢？明明是弹簧测力计的拉力啊，你来补充一下。

生13：拉力是往这边，摩擦力是往那边的，二力平衡。

师：为什么就二力平衡？

生13：它在匀速运动。

师：所以这个实验的关键点，要让这个物块做什么运动？

生13：匀速直线运动。

师：好，非常感谢。所以同学们注意一下，我们待会儿在做这个实验的时候，只有确保物块尽量做匀速直线运动，弹簧测力计的拉力才等于滑动摩擦力。这个是根据什么知识？

生（异口同声）：二力平衡。

师：这就是这个实验的原理。测量滑动摩擦力，我们应用到了二力平衡知识。所以待会儿操作关键要注意控制物块，尽量控制它做匀速直线运动。好，那么下面就请同学们利用桌面的器材（如图2），小组之间先初步地进行一个实验设计。老师想问大家，这里研究滑动摩擦力跟多个因素有没有关系？要用到什么方法？

生（异口同声）：控制变量法。

师：好，那么大家就根据这个思路进行实验设计并操作，小组注意，组长做好统筹工作，每个成员都有你们的任务，把学案完成好（如表1、表2）。待会儿先完成的小组可以把数据写在黑板上。下面开始实验，为了节约时间，我们来做一个分工，那两个小组研究一下粗糙程度，这两个小组研究一下它跟压力有没有关系，最后两个小组研究一下它跟接触面积以及速度有没有关系。开始。

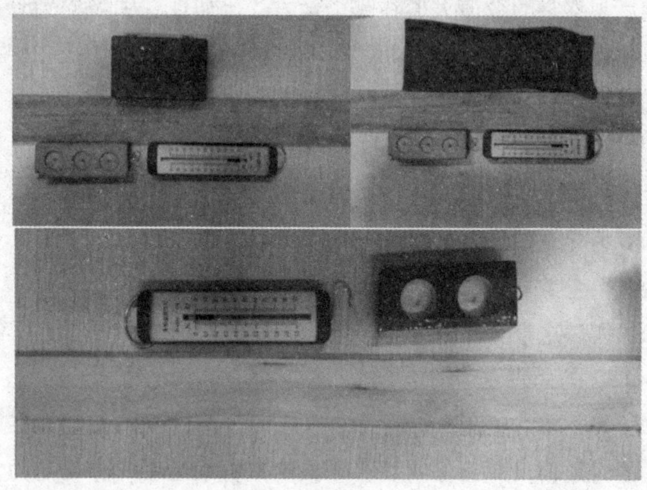

图 2

表 1 实验数据记录表

控制因素	改变因素	改变方法	测力计的示数/N	滑动摩擦力的大小/N

表 2 小组分工

1	2	3	4	5	6
统筹	操作	读数	记录	汇报	演示

学生分组实验

师：大部分小组实验已经完成了，我现在先请探究滑动摩擦力大小跟粗糙程度关系的小组来汇报。

生 14：我们小组做的实验是研究滑动摩擦力是否与接触面的粗

糙程度有关。先将测力计调零，尽可能匀速拉动，测出的拉力大小为0.2 N。然后我们是加一块抹布在木板上面，使它的粗糙程度发生改变，然后其余变量不变。我还是用这一面做，相同的力度，相同的速度，继续拉动。我们小组测出来是0.3 N，增加了0.1 N。这就证明了滑动摩擦力的大小与接触面的粗糙程度有关。

生14：还有一个要注意的点就是做这个实验的时候，要尽量让木块保持原来的直线不要动，这样才是匀速直线运动，刚才没有注意这一点。

师：那么对于刚才这一组演示的同学们有没有想提问的？

生15：他是用相同的力去拉动，那么刚才说到二力平衡，然后它又是匀速直线运动，那么拉力和摩擦力就一样，同样的拉力，摩擦力是一样的。

师：能听懂这句话吗？刚刚在演示的时候提到了两次要用相同的拉力来拉它。同学们认为需不需要用两个相同的拉力来拉它呢？如果你两次这个拉力大小都相等的话，这个过程我们又要严格控制它做什么运动？

生14：匀速直线运动。

师：也就是说二力要平衡，那你这是默认两个摩擦力大小要相等。那好像就没什么探究的必要了，是吧？所以需不需要用两个相同的拉力？

生14：不需要。

师：只要控制什么？

生14：匀速直线运动。

师：非常好，刚刚还有其他同学有想法吗？你说。

生16：他刚刚用测力计拉的时候，没有水平拉动。

师：这个测力计要尽量地水平，也就是它的拉力方向跟它弹簧所在的方向要尽量保持在同一条直线，很好。其实该小组刚刚有挺多点我觉得蛮好的，比如他们会特别强调我要用同一个接触面做实验，还有刚刚特别强调了一个什么东西？

生 17：保持木块在同一直线。

师：给他们掌声。下面请探究滑动摩擦力与压力大小关系的小组来汇报，大家注意观察。

生 18：我们先用弹簧测力计测没有加砝码时木块受到的摩擦力，我们测出来是 0.1 N，然后现在我们加一个砝码，发现滑动摩擦力大小也受到了影响，从 0.1 N 变成了 0.3 N。

师：所以你们的结论是跟压力有没有关系？

生 18：跟压力有关。

师：鼓掌，他们研究出来的结果跟压力有关，请坐。后面两个小组，你们研究的是与接触面积大小以及速度是否有关，结果又如何呢？

生 19：我们探究的是滑动摩擦力与物体接触面积的关系。我们现在是用这个面积比较大的接触面，匀速拉动木块，使它保持匀速直线运动，大概测的拉力是 0.12 N，再改变它的接触面积，使它的接触面积变小，再次拉动，发现它的力还是大概在 0.12 N 左右。这个实验我们上来就没有多次给大家演示，但在小组实验时我们多次演示，它得到的结果都是 0.12 N。所以我们组的研究结论就是滑动摩擦力大小应该与它这个物体的接触面积是无关的。另外，我们控制所有的变量，只改变拉动木块的速度，发现滑动摩擦力的大小始终一样，说明滑动摩擦力的大小与木块滑动的速度也无关。

师：好，那么刚才没有上来展示的三个小组你们的探究结果跟另一个小组一样吗？

生（异口同声）：一样。

师：我刚刚注意到一个点。三组同学，实际上来操作的时候，过程都相当的严谨，但是都有一个不足，你来说一下。

生 20：就他们这个小组很好，他们做完实验之后把东西都放回去了，那两个小组做完就放那不管了。

师：非常好，我们实验结束要整理器材，这是非常重要的实验习惯。那我们现在来看一下我们六个小组的数据，我们发现，改变接触面积或拉动速度前后，滑动摩擦力大小都一样，那也说明了这个滑动摩擦力大小跟接触面积以及拉动速度有没有关？

生（异口同声）：无关。

师：另外两个因素呢？压力这个因素，一个加砝码，一个不加，或者加一个，加两个，结果显示出来有没有影响？

生（异口同声）：有。

师：说明滑动摩擦力的大小跟所受压力有没有关？

生（异口同声）：有关。

师：接触面的粗糙程度也有关。好，其实科学家经过大量的数据证明滑动摩擦力的大小确实跟压力和接触面的粗糙程度有关，而且只跟这两个因素有关，那有什么关系呢？请同学们说一下。

生21：成正比的关系。

师：你觉得成正比的关系，要完整地表达出来。

生21：我觉得滑动摩擦力的大小与压力成正比。

师：好，我发现有不同意见，你说。

生22：我觉得当它的压力一定时，它的粗糙程度越大，它的滑动摩擦力就越大。当接触面的粗糙程度一定时，它的压力越大，它的滑动摩擦力也越大。

师：请坐，刚才有同学说成正比，单单从我们这一组数据出来，我们能得到这样一个数据关系吗？

生（异口同声）：不能。

师：有点困难，但是可以定性地对比，压力越大，滑动摩擦力越大，我这样表达有没有问题？

生23：要控制另一个变量。

师：我们现在已经探究出来它跟这两个因素有关，所以我们在描述这个结论的时候注意控制变量，应该说当接触面粗糙程度一定时，压力越大，滑动摩擦力越大。

三、联系生活，学以致用

师：下面我要请同学们用今天所学的知识来帮我解决一个问题。我家有一辆小粉单车，骑起来很费劲，嘎吱嘎吱的。下雨天这个脚踏板还很容易打滑，刹车也不怎么灵。你们能帮我修理一下吗？好，你说一下。

生 24：关于骑起来很费劲的问题，我建议就是在链条那里减小一点摩擦力。

师：那怎么减小呀？

生 24：涂润滑油。

师：这是个办法。

生 24：然后关于脚踏板呢，就是增加它的摩擦力，上面刻凹槽。

师：可以。

生 24：再关于刹车不灵的问题，我建议在刹车上面再刻上花纹。

师：请坐，还有其他方法吗？你说。

生 25：轮胎上面也可以刻一点。

师：你们应该都是雕刻家，请坐。

生 26：老师我的方法跟他们不一样。你说骑起来很费劲，我用的方法是减轻一些重量，把一些不必要的零部件全部去掉。另外一个方法就是我看那辆小粉它上面有一个齿轮臂，把齿轮臂调成前面小后面大，这样的话骑起来就会比较轻松。还有一个，自行车下雨天刹车肯定会打滑，因为刹车在轮毂的旁边，一碰到水就没有摩擦力了。

师：好，看来他是自行车的行家。好了，同学们，如果还有什么修理意见课后再来跟我说一下。刚刚从这个生活例子我们可以发现，滑动摩擦力一定是有害的吗？

生（**异口同声**）：不一定。

师：刚刚有很多同学一直在给我刻花纹，刻轮胎，又刻脚踏板的，都是为了干吗？

生（**异口同声**）：增大摩擦力。

师：那也就是说摩擦力它不一定是有害的，它也可能是有益的，那在生活当中有哪些有害的摩擦或有益的摩擦？

生27：那个举重运动员，他们上场之前都是擦点粉，就是增加摩擦力，避免突然脱手。

师：还有什么？你说。

生28：我们跑步的时候，那个橡胶是有一粒一粒的，跑起来不容易摔跤，如果它是滑的，一跑就摔了。

师：好，请坐，还有没有？你说。

生29：就是我们鞋底有雕刻很多花纹，这就是增加摩擦力，防止打滑。

师：所以那个摩擦力是有益的还是有害的？

生29：有益的。

师：好，你来。

生30：在一些运动的时候需要减小摩擦力，因为如果摩擦力过大的话，可能会造成机械的磨损，以及不必要的损耗，这个是有害的摩擦力。

生31：我说的是有益的摩擦力。如果没有摩擦力的话我们甚至都不能走路。

师：这个是什么摩擦？

生31：静摩擦。

师：很好，请坐，这也是一种有益摩擦。既然摩擦力有时有益，有时有害，我们怎么样来增大有益的摩擦，减少有害的摩擦呢？结合生活例子再说一说。

生32：改变粗糙程度。

师：很好，还有没有？

生 33：减少它的压力。

师：你是增加摩擦还是减小摩擦？

生 33：减小压力就是减小摩擦力。

师：如果减小摩擦力我可以通过减小压力的方法。

生 33：对，就跟之前说把不必要的部件给去掉是一样的道理。

师：那如果要增大摩擦，还可以用什么方法？

生 33：增加压力。

师：好，请坐。

生 34：老师，我要反驳他，我刚刚说的去掉配件不是摩擦力和压力的问题，我刚才说的减小配重是让它质量变小，质量越小惯性越小。

师：然后呢？你实现什么目的？

生 34：就是实现加速更好，更快一点。

师：就是骑起来没那么费劲对吧？

生 34：对。

师：好，你来说。

生 35：用滚动代替滑动减小摩擦力。

师：同学们，待会儿下课的时候可以试一下，在你的课本下面放上几根笔，然后再用相同的力推它，你看一下跟没加笔的时候来推它，哪一个更轻松一点？同学们都提了很多的方法。增大有益摩擦就如刚刚同学们说的，我们可以通过增大压力或者是增大接触面的粗糙程度来改变。相反，如果要减小滑动摩擦力，可以通过减小压力或减小接触面粗糙程度。除此之外，可以把滑动变成滚动。还有一种方法，你们刚刚都提到了。给我的自行车修理的话，可以在那个费劲的地方涂点润滑油。这个是通过分离接触面的方式来改变滑动摩擦力的。涂一层油，两个接触面就分开，这个在我们生活当中应用也非常多。例如气垫船，以及我们现在非常常见、对我们生活有非常大的帮助的一些悬浮列车，它都是通过分离接触面的方式来大大减小这个滑动摩擦力。

四、小结归纳，升华提升

师：同学们，现在我们回顾整个实验探究过程，你们觉得在我们整个探究过程中学到什么？当中遇到最大的困难是什么？或者说你有其他什么样的感悟？你说。

生 36：就是我们自己做实验的时候发现特别难控制物块匀速直线运动。

师：很难，那怎么办？

生 36：多次实验。

师：实际上这确实是一个难题，我在操作的时候也发现特别难。你看他们小组刚刚在这个板上面放毛巾的时候，几乎是很难让这个物块匀速运动，一卡一卡的。那这个问题怎么解决呢？我们把这个问题留给大家课后思考。下一节课我们再一起重点来研究探讨这个问题，看如何改进这个实验方案。除此之外，还有没有什么问题？

生 37：团结就是力量。

师：确实，刚刚每个小组的合作，我觉得都挺不错的。

生 38：没有摩擦力我们就不能生活。

师：没有摩擦力人就不能生活，这说明什么问题？摩擦力怎么样？

生 38：摩擦力是有益的。

师：有益，也有害。说明？

生 38：事物都有两面性。

师：很好，其实我也有一个感悟。我们都希望我们的人生之路越平坦越好，但是如果完全没有阻力你还能走得动吗？所以我们生活当中应该如何去正确面对这些挫折阻力？

生 38：做匀速直线运动。

师：所以我们面对挫折跟阻力的时候应该要坚强，越挫越勇。这一节课就上到这里，下课。

以“问题”促“生成”

摘要：苏霍姆林斯基说过“没有也不可能有抽象的学生”。而教学设计中的学生是教师想象出来的学生，具有一定的抽象性，真实的学生由于原有经验不同，面对同一个问题，答案往往不同。因此，在教学时，应充分尊重学生自然生成，本文以《探究滑动摩擦力的影响因素》课例为范本，浅谈课堂生成的教学实践方法及效果，以其对促进物理课堂生成提供一种良好思路。

关键词：课堂生成；滑动摩擦力；影响因素

物理《课程标准》指出，物理应促进学生自主学习，让学生积极参与、乐于探究、勇于实验、勤于思考，即坚持以学生为主，教师为辅的教学原则，而“生成”能促进和满足学生的课堂参与性，所以必须在物理课堂中关注“生成”。“生成”是教学本质的内在要求。课堂生成理论最早是叶澜教授提出来的，目的是突破传统教学“特殊认识活动论”的框架。她指出，要“从更高的层次——生命的层次，用动态生成的观念，重新全面地认识课堂教学，构建新的课程教学观”。这所期望的实践效应就是：让课堂焕发出生命的活力。而新课程背景下的课堂及结构特点使得“生成”教学具备更大的可行性。本课例中笔者利用课堂的开放性，以问题促生成，旨在促进学生生长和建构。

一、呈现问题，有意生成

建构主义认为：学习总是与一定的社会文化背景，即“情境”

相联系的，学习者要完成有意义的建构，深刻理解事物的本质、规律，最好的方式是联系实际，让学生到真实的环境中去体验感知或者类似真实的环境中观察学习，除了创设一个良好的情境外，教师在关键时刻还需要对学生的疑惑进行引导点拨，学生的质疑是课堂生成的开始。

本课例在课堂的开始组织学生进行“抓手游戏”，让学生两两合作，一个学生双手夹紧另一个学生的手，让第二个学生设法抽离，在这过程一方思考如何快速轻易地抽离小手，或涂油，或摸水，或转手，另一方思考如何让对方更难脱手，用力压。笔者基于学生的回答提炼共性，提出解决问题的关键是设法改变手与手之间产生的摩擦力，那么怎么改变手与手之间的摩擦力呢？影响滑动摩擦力的因素是什么呢？从而呈现主题问题，也为后面学生提出猜想提供依据。

“读书无疑者须教有疑”，该活动情境不仅提出问题，引发学生质疑，有意为影响因素的生成做铺垫，而且给学生提供了积极的情感体验，能有效激发学生的参与热情和学习兴趣。

二、自主探究，多向生成

物理教学中，实验的作用不言而喻，实际上，教师不但要把教材要求的演示实验、分组实验妥善安排，还需要将身边相关的生活和自然现象带进物理课堂，强化实验教学。因为实验不仅能防止物理教学的枯燥乏味，关键是还可以把课堂真正还给学生，能有效促进多向生成。学生在自己探索过程中，遇到的问题以及这些问题的解决方法是课堂生成的关键。

在本课例中，笔者首先引导学生基于“抓手游戏”对影响滑动摩擦力的影响因素提出猜想。原设计中预设学生会提出“压力”“接触面的粗糙程度”以及“接触面积”这三个因素，然而课堂学生的回答明显超前于预设答案，学生提出可能的影响因素还有拉力、速度。针对“拉力”和“速度”这个生成因素，笔者并没有视而不见或者直接生拉硬拽将学生带回原来设计的路线上，而是采用师生对话交流的方式，启发学生理解拉力和速度在该情境下存在的正相关关系，并将探究拉力和速度的共同作用为研究速度是否也会对滑动摩擦力带来影响。笔者采用分组实验的形式，让学生分别探究“压力”“接触面粗糙程度”“接触面积”以及“速度”是否会给滑动摩擦力带来影响。

该环节中，学生探索热情高涨，通过多次反复实验，最终发现“接触面积大小”和“速度”这两个因素并不会对滑动摩擦力的大小带来影响。这个结论是学生主动发现和生成的，自主实验并总结归纳得出结论的教学效果事半功倍，远远优于教师照本宣科的说教，学生的科学探究素养以及动手实验能力也得到了较大地提升。没有预设的课堂是不负责任的课堂，没有生成的课堂是不精彩的课堂。其实除了这几个因素，本节课学生还提出了重力、阻力等其他可能的影响因素，但由于时间有限，课堂无法对学生所有猜想都进行实验验证。对于明显的错误猜想，教师应灵活选取策略引导学生快速发现思维误区，例如，课堂上学生假设提出摩擦力大小和重力有关，教师可以采用如下的手段进行释疑：“我们一起把手轻放在桌面上，往前推动，第二次，用较大的力按压，再往前推动，两次的阻碍效果一样吗？两次手的重力有没有变，变的是什么？所以影响滑动摩擦力的因素是压力还是重力？”通过简短的操作及对比，学生豁然开朗，明白了“重力”和“压力”这两个不同的物理概念对于滑动摩擦力的影响。对于依据较为充分或“貌似合理”的猜想，例如“速度”这一课堂生成因素，笔者认为应该让学生通过实验进一步探究。总之，教师应通过多种策略正视学生多向生成，激发学生的探究欲望，促进学生积极主动参与教学过程。

三、师生合作，有效生成

在新课程理念下，我们强调课堂的动态生成，但是叶澜教授指出，“并不主张教师和学生在课堂上信马由缰式地展开教学”，动态生成式的课堂，不能只强调学生主体性而忽视教师的主导性。教师一方面要为学生的自主学习创造条件，另一方面要把握好课堂组织，进行有效生成，师生、生生交流是课堂生成的有效方法。

本课例中，在进行分组实验之前，笔者提出：“怎么测量滑动摩擦力的大小呢?”并组织学生讨论，继而让学生尝试分享，学生能提到利用弹簧测力计测量滑动摩擦力，但是在演示的过程中，并没有了解“匀速拉动”的概念。笔者追问：“你怎么判定拉力的大小就是滑动摩擦力的大小呢?”学生进一步分析提出“二力平衡”。笔者继续追问：“为什么拉力和摩擦力会二力平衡呢?”学生马上意识到实验过程需要匀速拉动。最后，笔者再次强调该实验探究的关键“确保物块尽量做匀速直线运动”，最后总结出“二力平衡”的实验原理。

教材直接提出实验过程中要匀速拉动物块，但并没有分析原因，而笔者为何将该问题放大？笔者在组织学生交流讨论过程中，通过进一步追问来促进学生深层理解并解决问题，以达到生成课堂的目的。在师生合作的过程中，学生从有疑到无疑，从知其然到知其所以然，其科学思维能力得到了较大地提升。

四、评价反馈，积极生成

物理核心素养的培养不仅要求学习者在物理学习过程中，逐渐形成与个体终身学习及未来社会适应相符合的物理观念、探究能力及科学思维，还要求情感态度价值观的渗透，而核心情感目标难以定量考察，因此教师应努力将情感目标带入课堂中，让学生借助思考、探讨、反思等氛围接近并掌握预期目标。评价反馈是积极情感生成的可操方法。

在本课例的最后，笔者提出：“在整个学习过程中，你学到什么？你是否有遇到什么困难？或者有什么感悟？”学生除了总结本节课所学的基本知识点，还感受到团队合作带来的优势，甚至有学生提到没有摩擦力我们将无法正常生活，笔者对这一生成答案没有轻描淡写、一带而过，而是引导学生领悟事物都有两面性，人生之路并不是越平坦越好，相反应该积极面对挫折和阻力、越挫越勇，实现积极情感的升华。生长是教育的终极归旨，本节课最后的情感升华超越学科知识范畴，将学生的生长和发展纳入课堂视野，从而促进学生生长，帮助学生塑造积极的人生观。

在这节课中，笔者通过四个问题“如何快速抽离或阻止对方抽离彼此间的手?”“你认为影响滑动摩擦力大小的因素是什么?”“如何测量滑动摩擦力的大小?”“这节课你都学到什么？有什么收获?”，促进学生质疑、探索、提炼方法、体验情感、建构知识。该过程不仅对学生的学习产生积极影响，也使教师在实践中对生成性课堂教学的意识得以强化，最终实现师生共生共长。

参考文献

[1] 苏明义. 初中物理课程标准解析与教学指导 [M]. 北京师范大学出版社，2011.

[2] 叶澜. 让课堂焕发出生命活力 [J]. 教育研究，1997，9：5.

《力臂》实验教学实录

时间：2019 年 3 月

地点：深圳市玉龙学校

一、课堂趣味实验导入

师：同学们好。上节课我们一起学习了什么是杠杆，同学们说一说杠杆的定义是什么？

生 1：固定点转动就叫作杠杆，一块硬板能够绕着固定点在力的作用下转动，那么这块硬板就叫作杠杆。

师：很好。我们一起学习了杠杆的三要素，分别是支点、动力和阻力。转动的这个点叫作支点，使杠杆转动的力叫作动力，阻碍杠杆转动的力叫作阻力。同学们，想一下在我们日常生活生产当中，哪一些工具是杠杆呢？

生（争相回答）：剪刀、筷子、跷跷板、夹子、天平、羊角锤。

师：特别好，最近老师遇到了一个生活中的难题。我们学校物理实验室新进了一批实验器材，供货商把这些大箱子卸在了校门口，那么我怎么样高效省力地把这些重箱子搬到物理实验室呢？同学们可以上来体验一下箱子有多重，先请一位女生。

（学生体验）

师：再请一位男生，是不是可以提起来？

生 2：不行，太重了。

师：老师有一个超能力，可以轻松地用两根手指提起同学们一只手都提不起的重箱子，你们想看吗？

生（**异口同声**）：想！

师：不仅如此，我还可以现场把这个超能力传给同学们，哪位同学想学？

（学生上台配合，教师演示利用大型杠杆提起重箱子）

师：当然是利用上节课学习的简单机械杠杆，你把这根绳子系到这边。你把这个支点固定，现在你试一下可不可以用两根手指把这个箱子提起，试一下，很轻松吧？

生 3：对，很轻松。

师：用两根手指很轻松就可以把箱子提起，怎么回事呢？我们一起来分析一下。这是一个简易的杠杆装置，这个杠杆的支点在哪里？阻力呢？

生（**异口同声**）：箱子的重力。

师：动力呢？

生（**异口同声**）：向下给杠杆的力。

师：是这样的吗？

生 4：不是，是竖直向下。

二、实验探究

（一）学生猜想

师：我们把杠杆的三要素分析出来了。我们竟然可以用很小的力提起重物，达到四两拨千斤的效果。同学们设想一下，既然可以把阻力的作用变小，怎样才能用最小的力提起这个箱子呢？想一下。如果你有什么办法，可以上来试一下。

生 5：我觉得动力的作用点尽可能地远离支点。

师：你体验一下，这边来，是不是省力了些？还有吗？他说尽可能将动力远离支点，还有其他猜想吗？

生 6：动力的方向。

师：你来感受一下。

生 6：如果说你这样竖着向下用力，轻松。斜向下，吃力许多。

师：请回。好，我们将这个生活情景中的杠杆简化成桌面上所呈现的杠杆（如图 1）。杠杆左侧的砝码表示重物。左边我们统一在 10 cm 刻度处挂上 5 个砝码表示阻力，杠杆的右侧我们用弹簧测力计测量将杠杆转动所施加的动力。

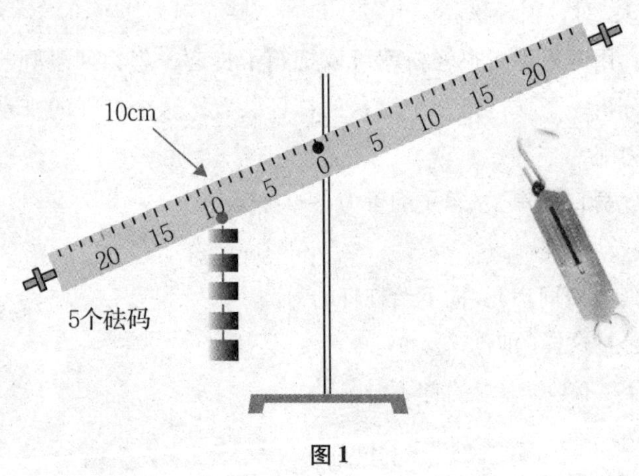

图 1

（二）设计实验

师：今天我们一起来探究当阻力一定时，影响杠杆转动的因素。大家注意一下，什么叫作杠杆平衡呢？杠杆平衡是指杠杆在水平位置，并且保持静止。同学们根据自己的猜想，来设计实验，完成这个实验表格（如表 1）。哪个小组完成了可以上来填写，现在实验开始。

表 1　实验记录表格

	次数	改变的变量：_______	杠杆恢复平衡所需的拉力 F
控制的变量 _______	实验一		F = _______N
	实验二		F = _______N
	实验三		F = _______N
实验结论	_______对杠杆恢复平衡_______（有或没有）影响		

（学生实验）

（三）学生汇报

师：有两个小组已经完成了实验，其他小组要加油了。

师：我们先来看一下当作用点改变的时候，对杠杆平衡有没有影响。这组实验记录表是哪位同学写的？请你汇报一下你们的设计思路以及得到的实验结论。

生 7：我们组探究作用点到支点的距离对杠杆平衡是否有影响。我们第一次实验是让作用点到支点的距离为 12 厘米，我们发现让它恢复平衡所需要拉力是 1.8 N。第二次作用点到支点距离是 16 厘米，用的力是 1.4 N。第三次是 20 厘米，用的力是 0.8 N。因此，我们组得出：作用点到支点的距离对杠杆平衡是有影响的。

师：请坐。其他条件一定的时候，动力作用点对杠杆恢复平衡有影响。第二组，请你汇报你们组的设计思路，以及得到的实验结论。

生 8：我们探究的是动力的方向是否对杠杆的平衡有影响，首先，我们先竖直向下拉，拉力是 1 N。我们向左拉，拉力是 1.5 N，向右拉，拉力变成 2 N，得到结论是动力的方向对杠杆恢复平衡有影响。

师：请坐。实际上他改变动力的方向，是从这边一直转到另一边。最后发现当竖直方向的时候，所用拉力是最小的。

师：我们通过实验探究得出了：动力作用点和动力的方向对杠杆平衡是有影响的。

（四）演示实验

师：那么老师接下来做一个演示实验，请同学们认真观察。做演示实验之前我们先介绍一个概念，过力的作用点，沿力的方向的直线，称之为力作用线，用虚线表示。演示实验中，为了便于同学们观察，老师制作了一个T型的刻度尺，这边是刻度尺，绿色边表示动力，和刻度尺是垂直关系。现在我做出动力作用线。

师：同学们认真观察，当动力的方向发生改变时，什么也在跟着变化？当动力的作用点发生改变时，什么也在跟着变化？（为了使效果更清晰，拍视频，做出Gif动画）

生9、10、11：刻度尺上的示数。

师：刻度尺上的示数代表着什么？

生12：垂线段。

师：怎么描述这个垂线段？

生12：支点到作用线的距离。

师：同学们看一下动画演示，力的作用点发生变化的时候，O点处的刻度在发生变化。力的方向改变的时候，O点处的刻度同样也发生变化。动力的方向和作用点对杠杆的影响，实际上就是这个垂线段的变化。在物理学中，我们把这个垂线段，也就是支点到动力作用线的距离，称之为动力臂。也就是说，动力臂可以同时描述动力作用点和方向对杠杆平衡影响的一个物理量，我们用L_1表示。既然有动力臂，就必然存在一个阻力臂，大家参照动力臂的概念，想想阻力臂的概念是什么？你来说。

生13：支点到阻力作用线的距离称为阻力臂。

师：没错，阻力臂我们用L_2来表示。通过今天的探究实验，我们知道，当阻力一定时，影响杠杆平衡的因素有两个：一个是动力的大小；另外一个就是动力臂大小。那么动力和动力臂对杠杆平衡的影响存在怎样的定量关系呢？我们下节课进行探究。

三、随堂作图

师：力臂作图是本节课的难点之一，根据力臂的概念如何才能正确作出力臂呢？下面我们共同探讨力臂的画法。

师：我们一起来作一个图。比如说这就是一个简易的杠杆装置，F1 代表动力，F2 代表阻力。接下来请同学们跟着老师一起写，第一步：确定支点 O。第二步：根据力作用线的概念，作出动力作用线和阻力作用线，我们用虚线表示。第三步：过支点 O 作动力作用线的垂线，垂线段就是动力臂；过支点 O 作阻力作用线的垂线，垂线段就是阻力臂。第四步：我们用大括号将这个线段括起来，这个线段长度代表动力臂，我们用 L_1 来表示。我们用相同的方法作出阻力臂，用 L_2 来表示。

师：同学们，根据这四个步骤完成剩下三个作图题。

（学生作图。教师拍每组学生画图的典型错误，上传系统，最后小组互评。）

师：我看大部分同学都已经完成了。我们一起来看一下，这个是某一位同学写出来的第二小节题目，找一下他的错误在哪里？

生（争相回答）：没有支点。

师：这边要补一个支点 O，第二步他做出了动力作用线和阻力作用线，接下来做垂线段。有做吗？

生（异口同声）：没有。

师：他直接就把这个杠杆的长括起来了，是这样吗？

生（异口同声）：不是。

师：动力臂和阻力臂就是那条垂线段，是用虚线来表示的。这个是很明显的错误。

师：我们看这一位同学做的，他这样画对了吗？

生（异口同声）：对的。

师：我们看第四题。

生 14：他画的动力臂没有和动力作用线垂直。

师：我们看这位同学的画法，这个同学他的错误点在哪里？

生 15：没有用大括号括起来。

四、畅所欲言

师：好，最后，请大家谈谈这节课你有什么收获和感悟？你来说。

生 16：这节课我们探究的是杠杆平衡的影响因素。通过这节课我知道，动力的作用点和方向都对杠杆的平衡有影响。

生 17：通过这节课我学到了力臂的表示。首先确定支点 O、动力、阻力。其次，沿力的作用方向画出力的作用线（虚线）。然后过支点 O 做动力作用线的垂线，垂线段就是动力臂；过支点 O 做阻力作用线的垂线，垂线段就是阻力臂。最后用大括号括出力臂，在旁边标上字母 L_1 或 L_2。

师：以上就是我们今天学习的所有内容，下课。

用三类实验构建力臂概念

摘要：实验是物理学科的研究基础，也是物理教学的重要组成部分。初中物理教学的重要方法是实验，对于调动学生的学习积极性，培养学生的学习思维具有至关重要的作用。在教学中，尝试借助生活实验、探究实验、演示实验三类实验，围绕培养学生物理学科的核心素养，帮助学生建立“力臂”概念。

关键词：力臂；生活实验；探究实验；演示实验

概念是科学事实的抽象表征，是科学规律和理论的基础。概念教学是初中物理教学的重要组成部分，是构成初中物理课程的基本单位。人教版初中物理八年级下册第 12 章第 1 节，在介绍杠杆的五要素时，教材上直接给出力臂的定义。学生因没有经历力臂概念建立的科学探究过程，只能靠记忆记住力臂的定义，因此初中物理教学中力臂概念的建立一直是个难点。在教学实践中，笔者试着对教材进行了二次开发，通过生活实验、探究实验、演示实验三类实验，循序渐进，有效地帮助学生构建起了“力臂”的概念。

一、用生活实验构建力臂概念

《义务教育物理课程标准》（2011 年版）指出：“学生对科学知识的学习始于他们在生活实践中对自然界的认识。因此，应该关注学生的已有认知对物理学习的影响，借助各种教育资源，引导学生认识已有认知和经验的局限性，帮助学生理解科学知识。”[1] 开发、应用“生活实验”是提高学生学科核心素养的有效途径。

杠杆在生产和生活中有着广泛的应用，学生对这方面也有感性的认识，运用适当的工具，可以巧妙说明科学原理，帮助学生构建抽象概念。例如生活中的跷跷板游戏，可以开发成生活实验，以此有效帮助学生构建杠杆概念。在实验时，让体重较重和较轻的两位学生一起玩跷跷板游戏，让其他学生猜实验结论。如果单纯从力的角度考虑，那么由于较重学生的重力大于较轻学生的重力，导致较瘦学生会被翘起。但从杠杆角度来看，在不断改变支点的位置情况下，结论会发生改变，最后完全反转，即较重学生坐在靠近支点的位置，则较轻学生也能把较重学生翘起来，这说明动力的作用点离支点越远越省力。在教学过程中设计理解杠杆概念的生活实验，能让学生认识到杠杆可以将力进行放大，杠杆是对力进行放大或缩小的装置，这个生活实验很好地为杠杆的本质属性进行了补充。因此，从生活角度设计课堂实验，让物理学习情境生活化，可以强化学生利用工具解决实际问题的意识。培养学生的“科学思维”，应该在课堂教学中为学生设计基于真实情境的生活实验，在生活实验中激活学生思考，主动探索生活中的物理现象，从事物的具体属性抽象成一般形式逻辑，从生活走向物理概念，以此形成学习力臂知识的前置经验，为力臂概念构建奠定认知基础。

初中物理课堂中应用“生活实验”是对课堂实验的有效补充，是从生活走向物理理论的实践，使学生从“学物理”变成“爱物理”，提高学生的创新实践能力，同时也能有效地让学科素养“科学态度与责任”落地，让学生形成正确的科学态度与价值观，永葆学习和研究物理的好奇心与求知欲。

二、用探究实验构建力臂概念

探究实验是初中物理学科的重要组成部分。《义务教育物理课程标准》（2011 年版）在科学探究上强调“提出问题—猜想与假设—制订计划与设计实验—进行实验与收集证据—分析与论证—评估—交流与合作”基本探究实验流程。物理探究性实验是指教师对知识不直接给出结论，而是通过具体实验，启发、引导学生思考，提出问题，再让学生利用已有认知和生活体验，自主地去进行物理实验探究，通过合作讨论研究，最终自主得出结论，获取知识[2]。“实验探究”主要指物理中通过实验发现物理规律的方法。初中物理作为科学探究实验为主的学科，其教学目标是培养学生的实践操作能力、创新思维能力和科学素养。

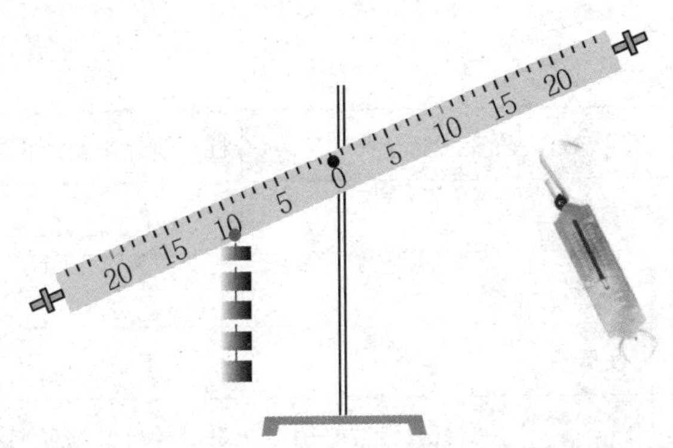

图 1　当阻力一定时，影响杠杆的转动的因素

在探究实验当中，实验活动是物理学科教学的重要组成部分。例如学习杠杆概念时，我们可以设计如下探究实验活动。如图 1 所示，将生活中这一杠杆简化为实验桌上提供的杠杆，杠杆左侧的砝码表示重物，统一在 10cm 刻度处挂 5 个砝码表示阻力，杠杆的右侧用弹簧测力计测量将杠杆转动所施加的动力。接着提出实验猜想：当阻力一定时，影响杠杆的转动的因素有哪些。有了前面的铺垫，学生会猜想出动力的作用点和方向。接下来，学生进行分组探究实验，以学生熟悉的控制变量法为指导，用学案引导学生进行实验，完成相应的表格。

（一）当阻力一定时，动力作用点对杠杆转动的影响。

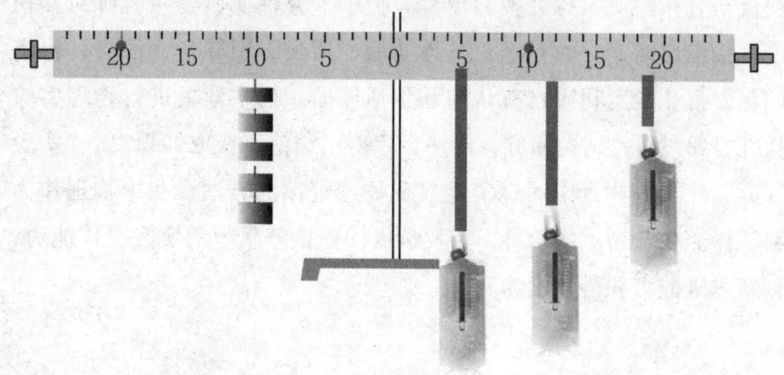

<table>
<tr><td></td><td>次数</td><td>改变的变量：________</td><td>杠杆恢复平衡所需的拉力 F</td></tr>
<tr><td rowspan="3">控制的变量
________</td><td>实验一</td><td></td><td>F = ________N</td></tr>
<tr><td>实验二</td><td></td><td>F = ________N</td></tr>
<tr><td>实验三</td><td></td><td>F = ________N</td></tr>
<tr><td>实验结论</td><td colspan="3">________对杠杆恢复平衡________（有或没有）影响</td></tr>
</table>

探究实验（一）为当阻力一定时，动力作用点对杠杆转动的影响。学生分别进行三次实验，读出使杠杆恢复水平平衡所需的拉力大小，完成学案的表格，得出结论。

（二）当阻力一定时，动力方向对杠杆转动的影响。

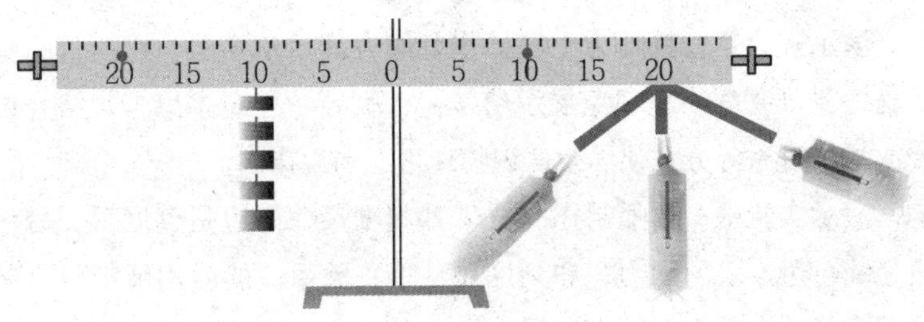

	次数	改变的变量：________	杠杆恢复平衡所需的拉力 F
控制的变量 ________	实验一		F = ________N
	实验二		F = ________N
	实验三		F = ________N
实验结论	________对杠杆恢复平衡________（有或没有）影响		

探究实验（二）为当阻力一定时，动力方向对杠杆转动的影响。学生分别进行三次实验，读出使杠杆恢复水平平衡所需的拉力大小，再经过分析讨论得出结论。

通过以上实验，学生认识到动力的作用点和方向都对杠杆的平衡有影响。初中物理概念的建立，绝大部分都是在实验探究的基础上，从实验事实中分析归纳出来。用科学探究的方法引导教学思路，研究问题，解决问题，培养学生的物理习惯和科学素养。同时，探究实验使学生更加积极主动地投入到学习活动中，可以有效提升课堂学习效率。

三、用演示实验构建力臂概念

演示实验是以教师为主要操作者的表演示范实验，它的目的主要是把要研究的物理现象展示给学生，引导学生观察思考，结合讲授或学生讨论等方式使学生认识物理概念和规律[3]。

演示实验中，教师制作一把T型刻度尺，一边是刻度尺，另一边为绿色边，表示动力，和刻度尺是垂直关系。然后用硬纸板自制一条虚线，为动力作用线。

首先，介绍力作用线的概念，然后利用硬纸板，做出动力作用线。教师通过移动T型刻度尺演示当动力的作用点发生改变时（控制动力的方向保持不变），支点处的刻度也在跟着变化，如图2－①；当动力的方向发生改变时（控制动力的作用点不变），支点处的刻度也在跟着变化，如图2－②。

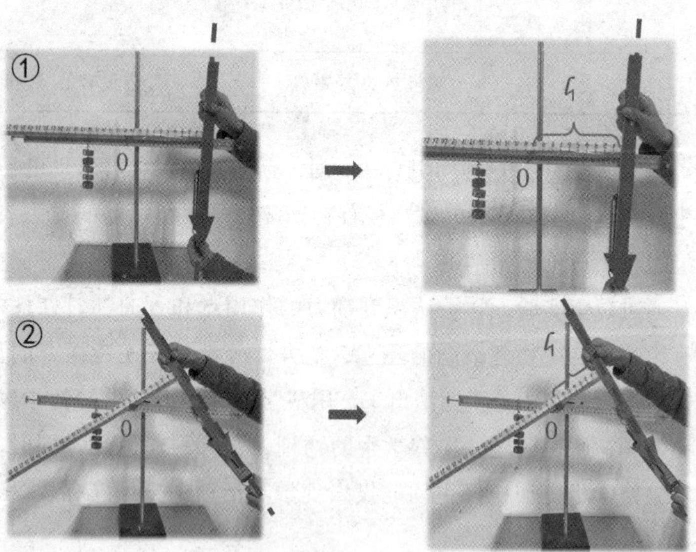

图2　教师演示实验

演示实验后，提问：刻度尺上的示数代表着什么？怎么描述这个垂线段？通过前面探究实验的铺垫，学生知道了动力的方向和作用点都对杠杆的转动有影响。而本质上，动力的方向和作用点对杠杆的转动的影响就是这个垂线段的变化。那么，在物理学中，把这个垂线段，也就是支点到动力作用线的距离，称之为动力臂。最后，通过知识迁移，学习阻力臂的概念。

通过教师演示实验过程，学生可以一步步地发现，影响杠杆转动的综合因素是支点到作用线的距离，这样的教学过程可以让学生自己观察、发现和建构概念。著名科学家钱学森说："模型就是对问题现象的分解，吸收一切主要因素，略去一切不主要因素所创造出来的一幅画。"将抽象的不易观察到的力臂，间接地模拟在T型刻度尺上，增强了可视化，让学生印象更加深刻。以物理核心概念统领物理教学，可以帮助师生从纷杂的事实、概念、规律、定理、公式中跳出来，站在更高的位置上培养学生的科学素养[4]。

在教学中，依托生活实验、探究实验和演示实验，让学生自主构建力臂概念，其目的不在于对物理知识的记忆和再现，而在于知识和方法的应用[5]。物理学是一门以实验为基础的科学。伽利略认为："实验可以用来决定一些原理，并作为演绎方法的出发点。"因此，物理教学一定不能缺少实验。

参考文献

[1] 唐勇. 浅谈生活实验对初中物理教学的作用 [J]. 读写算：教师版，2017 (27)：168－168.

[2] 陈铁杭. 对初中物理探究性实验教学的研究 [J]. 逻辑学研究，2006，26 (5)：89－95.

[3] 孙龙周. 物理演示实验教学的功能、现状及创新路径 [J]. 物理教学，2018，040 (012)：44－48，51.

[4] 姬影，彭朝阳. 核心素养视角下“力臂”教学设计 [J]. 物理通报，2018 (S2)：93 - 97.

[5] 林钦，陈峰，宋静. 关于核心素养导向的中学物理教学的思考 [J]. 课程. 教材. 教法，2015，35 (12)：90 - 95.

《光的直线传播》教学实录

时间：2018 年 10 月

地点：深圳市玉龙学校

一、课堂游戏导入

师：同学们好。上课之前，老师和同学们一起来玩玩手影游戏（如图 1）。

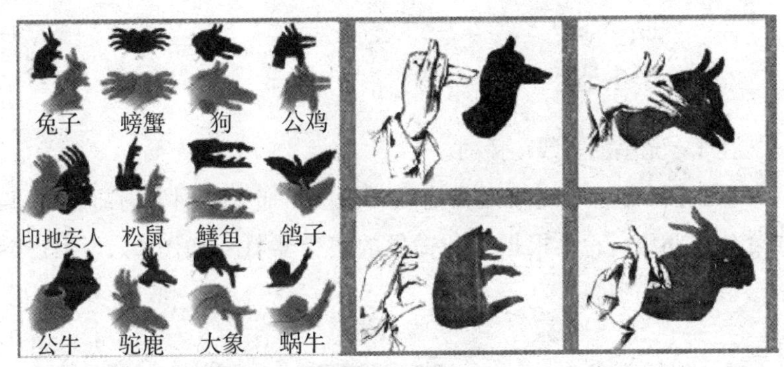

图 1

（学生上台互动）

师：大家知道影子形成的原理吗？经过这节课的学习，同学们就会知道影子形成的奥秘。那么我们首先来看，在什么环境下才能形成影子呢？

生（争相回答）：要有光。

师：列举生活中能发光的物体。

生（争相回答）：太阳，蜡烛，日光灯，手电筒……

师：物理中，我们把能够自身发光的物体叫光源。同时，根据来源，可以把光源分为自然光源和人造光源两类。

师：同学们判断一下。以下哪些物体是光源？（月亮，眼睛，宝石，行星，恒星，正在放映电影的银幕，篝火）

生（争相回答）：恒星，篝火。

二、实验探究

（教师手拿手电筒，射向黑板或墙壁。）

师：同学们请看这个手电筒发出的光。光从光源发出来后是如何传播出去的？它的路径是怎样的？同学们根据自己的经验来猜想一下。

（一）学生猜想

生1：光是沿直线传播的。

师：同学们都猜想光是沿直线传播的。那么请同学们前后桌组成小组，小组讨论。根据老师提供的实验器材（如图2），设计实验，验证你的猜想。

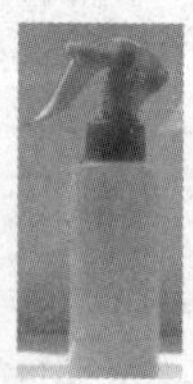

图2

（二）设计实验

（学生讨论，设计实验。）

（三）探究实验与实验汇报

师：老师看到同学们都完成实验了。有哪个小组上来和大家汇报一下你们的探究实验以及得到的实验结论？

生 2：我们小组探究的是光在空气中是如何传播的。因为空气太稀薄，我们将光直接射向空气的话，是看不到光的传播路径的。我们装入少量的烟做背景。用激光笔在烟雾中射出一束光，观察光传播的路径。我们在矿泉水瓶里看到了一条很明显的直线，很好地验证了光在空气中沿直线传播。（如图 3）

图 3

师：掌声鼓励。这一小组观察到了光在空气中的传播路径。其他小组呢？

生 3：我们小组探究的是光在液体是如何传播的。但是把激光笔直接射向水槽中，没有光在水中的径迹。因此，我们往水中加点牛奶，用激光笔在水中射出一束光。观察光传播的路径。水中出现了比刚才在空气中更明显的直线，很好地验证了光在均匀的水中也能

沿直线传播。(如图4)

图4

师：掌声鼓励。这一小组观察了光在水中的传播路径。还有吗?

生4：我们小组探究的是光在固体中是如何传播的。激光直接垂直射向玻璃砖，未能观察光在玻璃砖中的径迹。

师：好，老师来演示给大家看。我在玻璃砖的背后贴上一张黑色卡纸做背景，然后再用激光笔在透明的玻璃砖射进一束光，请大家再仔细地观察光在玻璃砖中的径迹。(如图5)

生5：光在玻璃砖中沿直线传播。

图5

师：我们验证了光在空气、水、玻璃沿直线传播。光总是沿着这样的路径传播吗？有没有条件限制呢？请看老师的演示实验。

（四）演示实验

（教师演示光由空气射向玻璃和光由玻璃射向空气时，光的传播路径，如图6；光由空气射向水中以及光由水中射向空气时，光的传播路径，如图7。）

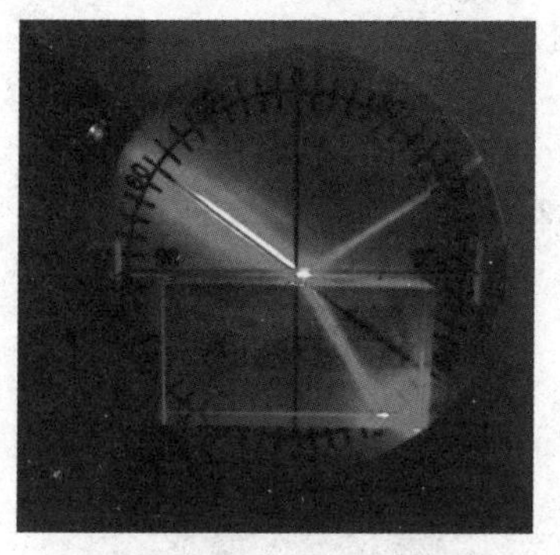

（a）光由空气射向玻璃

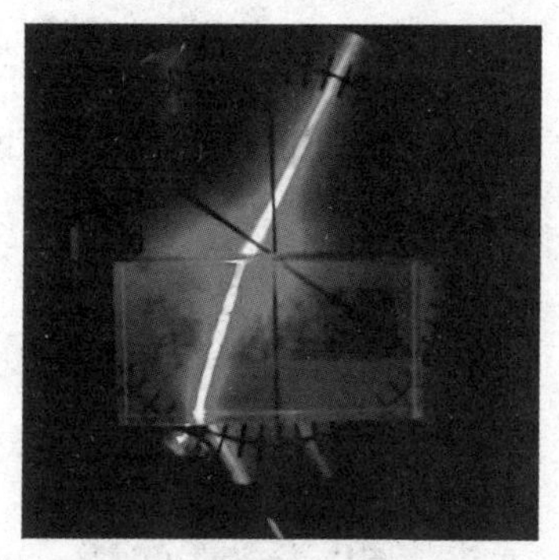

（b）光由玻璃射向空气

图6

（a）光由空气射向水中

（b）光由水中射向空气

图7

师：同学们现在觉得“光是沿着直线路径”这样的说法严谨吗？

生（异口同声）：不严谨。

师：要加上什么前提条件？

生 6、7：光在同种均匀介质中是沿直线传播的。

师：非常棒。我们知道了光在同种均匀介质中是沿直线传播的。那么如何形象简单地将光的传播路径表示出来？我们通常用一条带箭头的直线表示光传播的路径和方向，这样的直线叫作光线。我们把光线具体地抽象成物理模型，即物理学中常见的模型法体现了物理学的简单之美。

（五）“小孔成像”装置制作展示

师：接下来请同学们翻到书本的第 70 页。昨天老师布置了手工作业，我看很多同学带来了自己的小制作，有哪位同学上来展示一下自己的作品？

（学生们展示手工制作，如图 8）

图 8

师：请问你观察到的小孔成像成的是正立还是倒立像？

生 8：我是用蜡烛作为光源进行观察的，不是很清楚。

师：为了更好地观察像的正立和倒立，看老师制作的小孔成像。老师采用了 F 形状的光源。

教师演示实验。

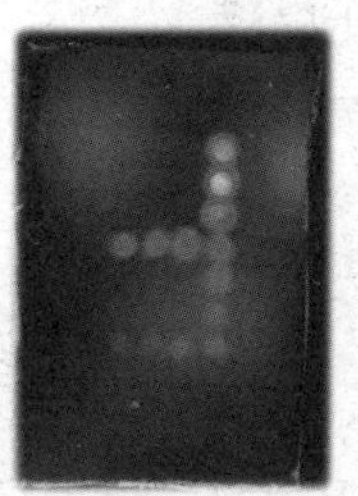

图 9

师：小孔成像成的是怎样的像？

生（异口同声）：倒立的像。

师：大家想知道为什么我们看到的像是倒立的，而不是正立的呢？请同学上来画，图形讲解。

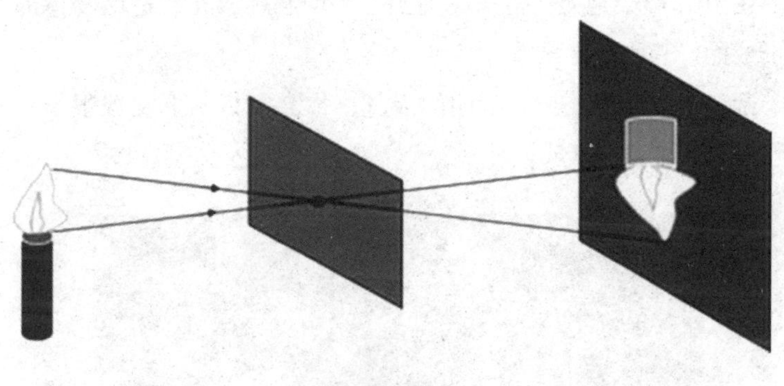

图 10

（学生上台进行讲解，讲解图如图 10）

师：非常棒，大家掌声鼓励。

（六）"光直线传播"的生活现象与生活应用

师：我们知道了光是沿直线传播的，那么生活中有哪些现象能够用光的直线传播来解释呢？

生9：我们玩过的手影游戏，在手后面的墙壁上产生影子。（如图11）

图11

师：好，那同学们知道影子是如何形成的吗？

生10：影子是光在传播时遇到不透明物体，在不透明物体的背后形成的一片阴暗区域。

师：大家再想一想，晴朗的天气，你会在树阴下发现很多圆光斑（如图12），这其实是什么？

图12

生11：这就是我们前面讲的小孔成像，圆光斑是太阳的像。

师：非常好。刚才我们讨论了光的直线传播的生活现象，有影子的形成和小孔成像。那我们又是怎样利用光的直线传播为我们服务的呢？请同学们结合生活实际举些例子。

生 12：在开掘隧道时，工程师们常常用激光束引导掘进机，使掘进机沿直线前进，保证隧道方向不出现偏差。（如图 13）

图 13

生 13：在射击的时候，战士让缺口、准星、靶心这三点在同一直线上，称为“三点一线”这样就能命中目标。（如图 14）

图 14

师：请同学们讨论两个问题：1. 在升旗时，排成两列，说说怎样才能排直？2. 黑板上有四个黄点，如何将它们摆成一条直线？

（学生讨论）

生 14：利用激光笔在黑板上呈现直线，将这些点摆成一条直线。

生 15：在升旗时，当每个同学都只能看到前面同学的头时，这列队伍就排齐了。

三、课堂收获

师：好，最后，请大家谈谈这节课你有什么收获和感悟？

生 16：学习了什么是光源。

生 17：学习了光沿直线传播的条件、表示方法以及应用。

生 18：学习了光沿直线传播的生活现象。

师：以上就是我们今天学习的所有内容，下课。

生活、真实、思维

——以“光的直线传播”教学为例

摘要：本节课以学生为本，以实验现象为“线”，以启发诱导为主，以拓展激趣为目标，通过多媒体辅助教学、开展学生小组活动和实例现象分析，使本节课的教学取得了较好的效果。教学内容的设计环环相扣层层深入，将教学重难点梯度化，符合学生的认知规律。本节课的教学具有“生活、真实、思维”的特征。

关键词：光的直线传播；生活；真实；思维

本节《光的直线传播》选自人教版初中物理八年级上册第4章第1节，是初中物理有关光的知识章节的起点。这一内容包含光源、光的直线传播、光速三个知识点。光的直线传播是本节课的重点，包括光在介质中沿直线传播的条件，光沿直线传播的现象与应用。本节课以学生探究活动、教师演示实验为抓手进行课堂教学，学生既要认真观察实验、探究实验，又要利用光的直线传播解释生活和自然界中的一些重要现象，如：小孔成像、影子的形成等。将课程目标层层串联，引导学生对光学知识进行深层次的分析、理解，实现真正有意义的学习，需要我们把握物理课堂教学的生活化、学习情境真实性和思维培养的原则和特征，进而形成一个问题驱动的物理生态系统。

一、物理教学生活化

物理学科的教学要回归生活。初中物理教学生活化就是指在教学过程中，教师需要将理论知识与实际生活进行关联所开展的教学活动，教师需要结合学生的实际生活背景，在课堂教学中创设生活化的教学情境，并让学生积极参与其中，将物理知识转变为学生实际生活中出现的现象。

在初中物理教学中，导入生活化教学可以有效进行课程引入。一个良好的开端可以使得课堂教学达到事半功倍的效果。在课堂的一开始，我利用多媒体设备为学生展示手影图片，与学生一起玩手影游戏，并且引导学生思考影子是如何形成的，鼓励学生根据平时在生活中的观察发表自己的意见，之后教师再为学生引入关于光的直线传播的相关知识，这样一来就能够更好地带动学生的学习积极性。初中生正处于思维发展的关键时期，思维较为活跃，因此，课后作业不能仅仅局限于对习题的练习，还需要将作业与生活相结合，布置一些开放性和实践性较强的作业。在上本节课之前，我给学生布置了手工作业：同学们自学课本第 70 页《小孔成像》的相关内容，从生活中找实验材料，制作小孔成像小装置，并在课上让学生进行手工制作的展示。通过这样的方式，可以有效促进学生实践能力的提高，也能够有效地提高物理知识的实用性，对于学生探索兴趣的培养也具有重要的意义。在课堂的最后，通过今天所学的知识来解释一些生活现象，例如“同学们在参加升旗仪式时，怎样才能将队伍排直?”“黑板上有四个黄点，如何将它们摆成一条直线?”等，这些生活化的问题给了学生探究科学的启迪，提升了学生利用知识解决实际问题的能力。

利用可迁移的生活问题来贯穿和联系学习过程，有助于学生知识体系的构建，能够有效帮助学生将所学的理论知识运用到实际生活中去，进而培养学生的实践能力和创新意识。真正实现物理来源于生活并回归生活的学习模式，提高物理的趣味性与实用性。

二、实验探究的真实性

教育是为了让学生在原有经验基础上发生变化，美国教育家杜威说“教育即生长”。中学物理教学是以实验为基础的，真实的实验有利于物理过程模型的搭建，在探究过程中让学生通过“做”“看”“感受”等探究方式来具体地感受“光”，从而更好地理解物理概念和规律并转化为新的经验。

本节课在教学设计和实际授课中营造了浓厚的探究实验氛围，让学生始终处于积极的思考和探究活动中。通过自主探究实验，学生验证了光在空气中、水中、玻璃中沿直线传播。但是光从光源发出后，它的路径总是沿着直线传播吗？有没有条件限制呢？光在介质中沿直线传播须满足一定的条件，即同种均匀介质。但是学生的前概念里并没有这个前提条件或者学生的物理思维还没达到一定的严谨性。正所谓百闻不如一见，这就需要我们创造真实的实验情景。生动直观的动手实验和主动操作对物理概念和规律的把握大有裨益，这也是初中学生的思维特点决定的，基于真实教具的感性经验更容易激发学生内生的需求和热情，体验学习过程中的乐趣。我在课堂上演示了光由空气射向玻璃、光由玻璃射向空气、光由空气射向水中以及光由水中射向空气时的传播路径，通过两次对比实验让学生形成清晰的认识：光要在同种均匀的介质中才能沿直线传播。同时，同种介质的要求涉及光的折射现象，教学时把折射实验在这一节进行提前展示，为今后折射问题提前铺垫。

真实可靠的实验可以使学生获得丰富的感性认识，初步了解物理研究的思想方法和研究思路。这样才能有利于学生养成正确的科学态度，培养实事求是的科学精神。在信息时代背景下，越来越多地利用多媒体或仿真实验代替动手实验。利用这种方式得到的实验结果更为准确，可重复性也更强，从而大大节省了上课时间。但是仿真实验忽略或弱化了学生观察、动手的能力，不利于学生将实验现象内化为物理学原理，所以动手实验仍是物体课堂不可替代的一环，因为其对学生设计实验和获取信息的能力具有重要意义。

三、注重科学思维的培养

科学思维是从物理学视角对客观事物的本质属性、内在规律及相互关系的认识方式，是基于经验事实建构物理模型的抽象概括过程。美国教育家杜威指出："思维就是探究、调查、深思、探索和钻研，以求发现新事物或对已知事物有新的理解。"中学阶段是学生发展物理科学思维的关键时期。所以在教学过程中，必须重视学生思维方式的培养。只有具备了科学的思维方法，才能真正把所学的知识灵活运用到实际生活中去。

光线是为了描述光的直线传播而建立的一种理想化的物理模型。在这一部分知识的教学中，学生通过探究实验，知道了激光在生活中常见的固液气三种状态中的传播情景，让学生感知光的直线传播在实际生活中的普遍性和前提性。在此基础上引导学生分析这种光的传播现象的共性。抓住主要因素，忽略次要因素，将情景简化突出主要特征。将这种共性进行简化处理，用数学模型中带箭头的直线来描述光的直线传播这种特性，进而引出光线的概念。这是一种数学模型构建的思维方法，直线和箭头抽象出光传播的特性，利用同样方法的还有力的作图表示。这种数学与物理结合的类比思维在物理学科学习中十分重要的，所以在教学过程中，除了物理规律的揭示之外，结合物理本质来培养物理科学思维方法也十分关键。

小孔成像是光的直线传播典型的应用之一。在这部分内容教学时，首先让学生在课前动手制作一个小孔成像仪并在课上进行展示，通过观察发现烛焰通过小孔在光屏上成倒立的像。此时教师引导学生运用刚刚所学的直线传播知识，提出问题：物体通过小孔成倒立像的原因是什么？能否用光线描述小孔成像的原理？小孔的大小和形状对所成的像有什么影响？通过追问，引导学生结合实验现象和物理知识进行推理，最终总结小孔成像的原理和成像的特点。通过环环相扣的探究，让学生自己去思考或合作完成，将学生活动不断推向新的高潮，让所有的学生都明白“探究的科学过程”和“探究的科学方法”，教给学生的不只是物理知识，更重要的是科学思维。

在初中物理教学中应结合具体的教学内容，利用生活实验创设情景，开展学生自主实验，精心设计探究实验和演示实验，绝不能仅仅为了节省时间，而“在黑板上、多媒体上做假实验”。同时，通过启发式追问，引导学生观察，对现象进行反思，以培养学生的科学思维，进而有效促进学生的全面发展，为学生的终身学习和发展奠定基础。

参考文献：

廖玉琼. 初中物理教学生活化的实践研究［J］. 科研，2016(8)：52.

《质量》教学实录

时间：2019 年 12 月

地点：深圳市玉龙学校微格教室

一、创设情境，导入新课

师：同学们，你们去过我们学校的开放厨房吗？

生（部分）：去过。

生（部分）：没去过。

师：没去过的没关系，今天老师带领大家看一看我们的开放式厨房（展示厨房图片）。是不是很漂亮？

生（异口同声）：是的。

师：老师在观察这些图片的时候想到一个问题，谁能把以上图片中的物品（铁锅、酒杯、木柜、玻璃窗、菜刀、木椅等）进行分类？可以怎么分？请说出分类的理由。

生 1：我可以将铁锅和菜刀分一类，木柜和木椅分一类，酒杯和玻璃窗又分一类。

师：这种方式大家同意吗？

生（异口同声）：同意

师：这样分的理由是什么呢？

生 1：我认为，铁锅、菜刀都是铁制作的，木柜和木椅都是木头制作的，酒杯和玻璃窗都是玻璃制品。

师：你说得很棒，给你点赞！生活中，我们把这些铁锅、菜刀、木柜、木椅、酒杯和玻璃窗叫作物体；铁、木头和玻璃叫作物质。物体都是由物质组成的。

师：我们再看一组照片，铁锤和铁钉，谁含的铁多？

生 2：铁锤比铁钉含铁多。

师：谢谢你的回答。铁锤含铁比铁钉多。我们物理学中，把这种物体所含物质的多少就叫作物体的质量。物理学中用小写字母 m 表示字母。（板书）

二、结合生活，合作学习

师：在刚才厨房的桌子上放着一包盐，这包盐有个净含量，上面写着 250 g。那么谁能告诉老师这 250 g 表示的含义是什么？

生 3：表示这包盐含盐 250 g（学生读作 g，而不是克）。

师：还有其他的回答吗？

生 4：这包盐的质量为 250g（学生读作 g，而不是克）。

师：这两位同学回答得非常好。那么后面的 g 是什么意思呢？这个是质量的单位。在国际单位制中，质量的基本单位是千克，符号是 kg。质量的常用单位有吨（t）、克（g）、毫克（mg）。他们之间的换算关系是 1 t = 1000 kg；1 kg = 1000 g；1 g = 1000 mg。（板书）

师：有了换算关系，那我们来练习一下，请各小组配合完成。

（学生课堂练习，内容如下）

（1）500g = _____mg = _____kg = _____t = _____斤 = _____公斤。

（2）一张邮票的质量约 50 _______。一枚 1 元硬币的质量约 10 _______。一个中学生的质量大约是 50 _______。一头象的质量约 5 _______。

师：根据刚才的练习，大家已经对质量的概念有了进一步地了解。现在老师又想到另外一个问题：过去我们学习长度、时间、温度的时候，都有其测量工具，他们的测量工具分别是什么？你来说。

生5：长度用的是刻度尺，时间用的是秒表，温度使用的是温度计。

师：回答得特别棒，掌声送给你。那么质量的测量工具又是什么呢？

生6：老师，应该是秤，因为去买水果的时候都是用秤来称量的。

生7：老师，应该是电子秤，超市里都是用电子秤直接秤出质量。而且只要输入单价，商品总价格就出来了。

师：他们都回答得特别的好，生活中，我们有许多称量质量的工具，有杆秤、电子秤、案秤、台秤等。走街串巷做小买卖的，用的大多是杆秤，超市商场大多用的是案秤和电子秤，物流公司、工厂企业大多用的是台秤。

三、科学探究，师生交流

师：但以上这些不是我们实验室用的称量工具，我们实验室用的是托盘天平，就是我手上拿着的这个工具。它由托盘、横梁、平衡螺母、分度盘、刻度尺、指针、刀口、底座、标尺、游码、砝码、铭牌等组成（如图1）。由支点在梁的刀口支着天平梁而形成两个臂，每个臂上挂着或托着一个盘。其中一个盘，通常为右盘，放着已知重量的物体，也就是砝码。另一个盘，通常为左盘，放待称重的物体，游码则在刻度尺上滑动。固定在梁上的指针在不摆动且指向正中刻度时或左右摆动幅度较小且相等时，砝码重量与游码位置示数之和就是待称重物体的重量。另外，托盘天平的底座上有一个铭牌，上面记录着此托盘天平的最大称量值。

师：那么托盘天平该如何使用呢？首先，我们把天平放在桌面上，

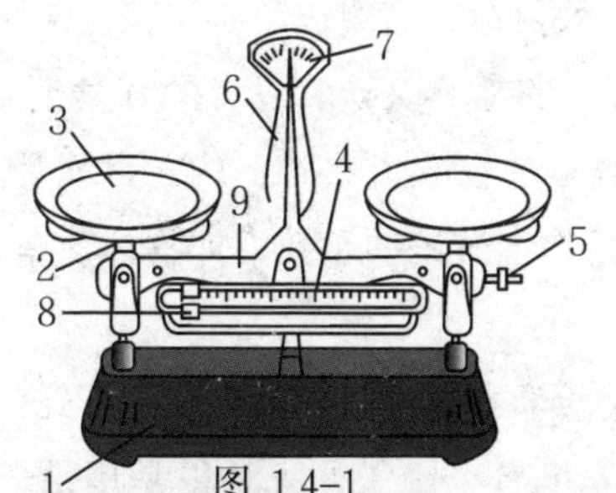

图 1.4-1

1.底座 2.托盘架 3.托盘 4.标尺 5.平衡螺母
6.指针 7.分度盘 8.游码 9.横梁

图 1

将托盘擦干净，按编号置于相应的托盘架上。称量前把游码拨到标尺的最左端零位，调节平衡螺母，使指针在停止摆动时正好对准刻度盘的中央红线。那么要怎么调节平衡螺母呢？大家实际操作并思考一下，我们怎么调整平衡螺母才能使指针指到分度盘的中央红线？

（学生动手实验）

生 8：老师，我发现左侧托盘下降的时候，平衡螺母要往右边调节，才能使托盘天平水平。

师：是这样的吗？大家抓紧时间验证一下。

（实验进行中）

生 9：老师，是这样的。我发现，左倾斜，要往右边调整平衡螺母；右倾斜，要往左调整平衡螺母。

师：回答得很好。一句话来总结，就是左倾右调，右倾左调。（板书）

师：调整平衡后，我们才能开始称量。称量时，左盘放物体，右盘放砝码。那当我们称量一个物体的质量时，左倾斜，在右盘放最小的一个砝码右倾斜，我们又该如何操作呢？大家试一试。

（学生动手实验）

生 10：我发现当天平出现左倾斜，在右盘放最小的一个砝码又出现右倾斜的时候，我可以往右边拨动游码，这样天平就平衡了。

师：你真是一个仔细观察又认真思考的好学生。通过你的观察，我们发现游码的示数是加在右边砝码上的。也就是左盘物体的质量等于右盘砝码的质量加上游码的示数，即物体质量 = 砝码 + 游码的示数。（板书）

师：那我们该怎么添加砝码呢？谁来说一下呢？

生 11：在砝码盒里有个镊子，我觉得是用镊子来添加砝码的，不知道是不是这样的？

师：谁能帮老师分析一下，我们为什么要用镊子，用手拿不是更方便吗？

生 12：我想到了！我们不能用手直接用手拿砝码，因为砝码是铁制作的，我们手上有汗，用手拿会使砝码生锈，生锈后的砝码就不准确了。

师：大家把掌声送给这位同学，回答得太好了，就是因为我们手上有汗液能腐蚀砝码才不能用手拿。测量结束的时候，应该使用砝码盒里的镊子取放砝码，保持天平干燥、清洁。不要把潮湿的物体和化学药品直接放在天平盘里，不要把砝码弄脏，以免锈蚀。并且记得用镊子使游码归零以确保下次正常使用。

师：有了以上的方法，我们就可以测量物体的质量了。但是我们还有一些细节要注意，过去我们在测量长度、温度等的时候有哪些注意事项呢？

生 13：测量长度时我们要观察刻度尺的零刻度线、分度值和量程。

师：那么测量质量呢？

生 13：我觉得也要考虑它的量程。

师：说得好，每个天平上都有一个铭牌，铭牌上标注的就是这个天平的最大测量值。所以我们在测量的时候不能超过天平的最大测量值。

师：刚才我们一起探讨了天平的使用方法。现在我们按照分组，利用实验台上的天平来测量一下桌面上的橡皮、木块、铜块的质量分别是多少。测量过程中留意一个细节，在右盘中添加砝码是从小到大呢，还是从大到小？还是两种都可以？

（学生动手实验）

生14：老师，我们小组在测量中发现，从大到小会更方便一点。这样会快一点使天平平衡。

生15：老师，我们小组在测量时先是从小到大。我们的天平重新平衡后，发现隔壁小组已经在做第二个测量实验了。

师：非常好。我们使用天平称量时，先应该大致估计其质量，加上与其相近质量的砝码，然后从大到小增减砝码。因为如果从小增到大的话，小的也许不够用。而且最后计数的时候也容易出错，迟迟看不到天平的平衡。而由大到小增加砝码很容易明显判断天平的平衡，也许一个大砝码放上去马上可以看见是多了还是少了。而且最后的微调过程中，小砝码的增加带来的平衡状态比大的要精确，要容易控制，从而有利于提高测量效率。

师：我们来回顾一下本节课的内容，我们学习了质量的概念、质量的单位以及各单位之间的换算，还有我们如何使用天平以及使用过程中的一些注意事项。这节课各小组都表现得非常积极主动，回答问题也非常踊跃，也涌现了很多精彩的发言，老师为你们点赞！你们太棒了！课堂最后，老师给大家分享一句话：学习就像天平，一边是付出，一边是得到；一边是耕耘，一边是收获。得到和收获就像左盘里物质的质量，耕耘与付出就是右盘里的砝码，想要多一点收获，我们就要往右盘多添加一点付出。我们这节课就上到这。下课！

生活情境下的科学探究教学

——《质量》教学反思

摘要：格物致知是物理的本意，意在实事求是地尊重科学规律、探究生活中事物原理。在物理教学过程中，我们应该选择贴近学生生活、符合学生认知的素材，通过从生活到物理、从科学探究物理现象到应用于社会的主观认识过程，激发学生求知欲，启迪创造性思维。注重探究能力更有利于学生科学态度、科学精神等意识的培养。

关键词：生活情境；科学探究；质量；托盘天平

我国中学的科学教育，培养了大批知识技能扎实的学生，他们具有良好的知识结构体系和基本技能，但是在综合实践能力和科学素养以及创新能力的培养上仍有所欠缺。我认为造成这种情况主要源于：授课过程中，教师偏重于学科知识的系统教授，弱化了科学知识和社会需求以及生活本身的联系，使得学生思维有一定的固化。初中物理应当反映人类在探索物质、相互作用和运动规律等过程中的主要成果，而不只是物理学理论方面的陈述性经验。在初中物理课堂渗透生活物理中蕴含的社会教育，对于学生综合素质的提高和科学价值观的培养具有积极的意义。另一方面，在学生能力和思维培养方面投入较少。大多数教师课堂中，或多或少都会存在重知识轻技能、重结果轻过程的教学模式。例如，在物理教学中，我们注重学生在实验过程中的观察能力和总结能力，而忽视了在科学探究中，想象力、创造力以及主动解决问题能力的培养。因此，《物理课程标准》指出新物理课程的两个基本概念："注重全体学生的发展，改变学科本位的观念”“从生活走向物理，从物理走向社会”。这就要求教师不仅应该注重科学知识的教授，更应该注意技能的培养，培养学生通过科学探究提高分析问题及解决问题的能力，体验科学探究乐趣，领悟科学思想和精神。我将以《质量》为例，探究如何在生活情境下培养学生的科学探究能力，进而提升学生的核心素养。

一、贴近生活经验的新课导入

质量是物理学中的一个比较抽象的概念，所以我在本节课的教学设计中，从学生身边的熟知事物出发，根据生活中已有认知经验，应用从具体到抽象的认识方法，通过对问题的探究建立物理概念，让学生通过讨论交流了解物质的物理属性。

本节课一开始，我给学生们展示了一个他们十分熟悉的场景：学校新生活教育的开放厨房，与学生一起回忆烹饪课上的有趣瞬间，立即吸引了所有学生的眼球。在这时，我抛出一个问题，让学生对厨房中的铁锅 、酒杯、木柜、玻璃窗、菜刀、木椅等物品进行分类，并说明分类依据。这是一个比较开放、贴近生活的问题。初中学生已具备相当多的生活经验，我希望通过这个题目搭建起物理知识与生活经验之间的桥梁。学生很快便从中找出物品的共同点，他们根据物品的组成将铁锅、菜刀分一类，木柜和木椅分一类，酒杯和玻璃窗分一类。

如图 1 所示，学生很直观地得出来物体是由物质组成的结论，但是质量的概念比较抽象，所以在此基础上我进一步抛出了一个问题，问铁锤与铁钉哪个所含的铁多一些。这样的问题提出来，学生很容易理解质量的概念了，因为铁锤所含的铁比铁钉含的铁要多，进一步引出了物理学中把物体所含物质的多少叫作质量。紧接着再以生活中厨房里常用的食盐为例，让学生巩固质量概念，包装袋标注的 250 g 意味着这包盐的质量为 250 g。这个时候就可以水到渠成

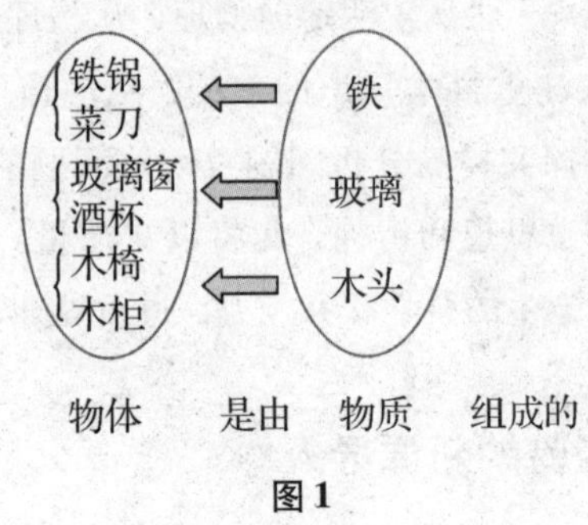

图1

地介绍质量的单位以及他们之间的换算关系了，对于单位换算这部分内容，我采用了小组合作探究的方式，充分发挥生生的交流协作功能，利用小组的力量来解决本小组内遇到的问题，增强学生间的合作意识。这从师生之间的单向或双向交流改变为生生之间的多向交流，使他们在掌握质量的单位换算时得到愉悦的情感体验。这样的教学设计，从生活中的场景提炼出本节课的重要概念“质量”，轻松、自然地被学生接收，同时也突破了本节课的难点。

二、自然科学中的社会生活教育

能正确使用托盘天平测物体的质量是初中物理的一个重要技能要求，与质量相关的知识在实际生活中应用广泛，与我们生活联系非常紧密，并且它是以后进一步学习密度、重力等相关知识的重要基础。如何测量质量呢？生活中用哪些工具来测量质量呢？提出问题，让学生根据已有认知，回答生活中常见的测量工具。大部分学生都回答到了：电子秤、杆秤、台秤，将生活经验与物理知识很好地联系起来。这个问题的目的是让学生在学习过程中自觉地关心生活，主动体会到知识的应用价值。接下来我重点介绍了杆秤，因为这是我国古代劳动人民智慧的结晶，通过对古人的伟大发明的介绍，大大激发了学生的民族自豪感，也让学生们认识到科学技术在人生发展进程中的重要影响。这与课程改革的趋势相吻合，要注重挖掘自然科学中蕴含的人文精神，加强对学生情感态度和价值观的培养。

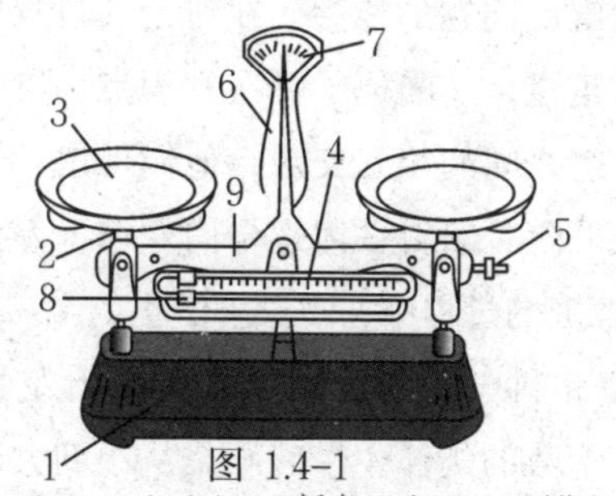

图 1.4–1

1.底座 2.托盘架 3.托盘 4.标尺 5.平衡螺母
6.指针 7.分度盘 8.游码 9.横梁

图2

三、联系生活实际的实验探究

托盘天平是实验室测量物体质量的主要工具，同时天平也是我们生活中常见的称重工具。正确使用托盘天平是本节课的重点，我介绍了托盘天平的构造、砝码盒以及工作原理，那么如何使用天平？如何调整平衡呢？测量前天平必须先平衡，测量后再次平衡才能测出物体的质量。尝试根据已有的经验和知识对问题可能答案提出猜想，可能与调节平衡螺母的方向有关，由小组来讨论调平的方法，实际操作，运用科学事实验证猜想假设。

在进行科学探究式教学的同时也推动了我对科学教育的思考。比如，我会思考如何进一步优化我的授课方式，某种探究方式的优点，以及该方法所蕴含的教育心理学是什么。我时常把自己放在学生的位置去思考，哪种方式更容易学生构建能力的发展。所以在本节课，我一改以往陈述式地介绍托盘天平使用规则，让各小组通过实际操作和不断地亲自动手尝试来得出结论。通过实践，我发现讨论是一种更活泼、交互的研究方法，它不但可以活泼课堂气氛，还可以多层次、多角度地进行信息交流沟通。在这个过程中，培养了学生遇到问题然后解决问题的能力。在讨论的过程中，他们可以发现自己抓住了哪些重点，又漏掉了哪些知识点，更利于自己知识体系的建构。通过小组之间的相互交流，他们得出：天平向左倾斜平衡螺母向右调、天平向右倾斜平衡螺母向左调（左倾右调，右倾左调）。在亲自动手探究的过程中，激发了学生的学习兴趣，培养了学生的科学探究能力和科学精神。同样，在得出左物右码，物体质量 = 砝码 + 游码的示数的规律中，砝码是从小到大地加还是从大到小地加？学生在猜想过程中与自己的认知发生冲突，从小到大地加和从大到小不是一样的吗？动手实验，并通过观察收集数据。通过分析论证，实验过程中一同学测量铜块物体质量时，自己估计物体的质量应该是几十克，所以首先试用 50 g 的砝码，发现偏小，继续向右盘中加上比 50g 小的砝码。但是物体的质量超过 100 g ，把所有的小砝码加上还会偏小，就会造成无砝码可加的情况，这时就必须把所有小砝码取出，重新启用 100g 砝码。从而发现从小到大耽误了时间，应该遵循从大到小的顺序。加砝码遵循从大到小的顺序有利于提高测量效率。这说明联系生活实际的实验探究不仅可以加深学生对知识的理解和记忆，同时可以加强物理知识在以后生活中的应用，学以致用是学生实践能力和理解能力提高的深层体现。

教育家赞科夫曾经说过：“教学法一旦触及学生的情绪和意志领域，触及学生的精神需要，便能发挥其高度有效的作用。”生活化的情境教学正是抓住了促进学生发展的动因——情感。物理知识来源于生活和生活密不可分，生活中处处是物理，生活化的教学情境能激起学生的积极情感，同时还活跃了课堂气氛，使学生在学习过程中处于主动的学习状态。而科学探究既是教学内容又是学习方法，同时还是一种教学理念。在实际的教学过程中科学探究不应当只是局限于实验探究，作为一种教学理念应当把它渗透到教学的各个环节中。引导学生进行探究性学习，让教学过程成为一种在教师的引导下展开的严密的学术创造性活动，培养学生在探究过程中的交流、评估、反思能力，提升学生的科学素养。在生活情境下的科学探究，是将科学、生活的有机结合。所以新课程改革下的物理教学应该是密切联系生活实际和最新科学发展，通过科学探究的方式培养学生的创造能力和科学精神，提高学生科学素养的现代教育。

《浮力》课堂教学实录

时间：2020 年 5 月

地点：深圳市玉龙学校微格教室

一、话题导入

师：咱们深圳是滨海之区，大家都去过大梅沙、小梅沙吗？去游过泳的举手。你来说，在游泳的时候有什么感觉？

生 1：能感觉到身体向上浮。

师：你感觉到竖直向上的浮力了。你来说。

生 2：感觉到海水是咸的。

师：这个也对，是咸的。就是说你在游泳的过程中，你的身体会有一种什么样的感觉？你来说。

生 3：就感觉水在托着我。

师：水在托着他，大家用手模拟一下，托是怎样的？老师从小没在大海中游过，但是小时候六七岁的时候在池塘游过泳。一样的，我也感觉到有一种东西在托着我。那么咱们就一起来学习这个现象。在疫情期间上网课，我们已经学完了浮力。所以今天，老师用做实验的方式来引入浮力。今天上课的题目，大家一起读一读。

生（异口同声）：“四个一”学浮力。

二、知识梳理

师：好，我来板书，请你们把笔动起来。要想把整个物理的所有知识点搞透，我们需要把所有的知识点串起来、拎出来。请你们用两分钟时间填好第一个学案。好，那边的同学请告诉我，方才这位同学说托力，那么你认为这个托力就是什么力？

生4：向上的力。

师：就是向上给予我们的力。我想问是谁给你的这个力？

生4：海水。

师：请问只能是海水吗？清水就不行吗？煤油就不行吗？

生4：只要是液体都可以。

师：对，液体。那么施力物体是什么？

生4：液体。

师：今天好多老师过来，让大美的课堂蓬荜生辉。我们所有的老师今天没有浸在液体中，可是浸在了什么中？

生5：气体。

师：什么气体？

生5：空气。

师：那么我想问，这些老师包括我们，有受到向上的那个力就是？

生（异口同声）：浮力。

师：大家一起念。

生（异口同声）：浸在液体（或气体）中的物体受到向上的力，这个力叫作浮力。

师：而且这个力，刚才说了“托”“竖直”“向上”，跟我们之前所学的哪个力相反？你来说。

生6：重力。

师：非常棒，请坐。跟重力的方向正好相反。好，大家想，为何它会托住我们呢？其实，浮力产生的原因是因为在液体中两个面受到的压力不同。大家想一下，物体上表面在液体中它受到一个向哪里的力？

生（异口同声）：向下。

师：对了，向下的力。下表面受到液体对它的力？

生（异口同声）：向上。

师：这两个力哪个力大？

生（部分）：下边。

生（部分）：向上。

师：非常棒。向上的力大，向下的力小，这两个力有一个什么值？

生（异口同声）：差值。

师：这个“差值”，我们就叫作什么力？

生（异口同声）：浮力。

师：非常棒。我们这节课要突破浮力，一定要从定义入手。也就是“一个定义”。这个定义有几个维度，突出了方向，突出了向上和向下产生的原因，又突出了它的施力物体是？

生（异口同声）：液体或气体。

三、实验验证

师：非常好。关于浮力，我们今天要对一个高人进行重新解读。请大家回去以后读一读阿基米德的传记。这位阿基米德我叫他“高人”。同学们每天都洗澡。阿基米德在洗澡的时候，他的浴缸装了很多的水，结果一进去洗澡的时候，他发现，水从缸里溢出来了。那么他就在想，溢出的水跟他受到的浮力，这两者有什么关系？接下来我们看到，这是一杯水。它就相当于浴缸，当我把钩码放进装满水的水杯里，一个小桶接下了它溢出来的水。这个钩码扮演的角色是？

生7：物体。

师：其实是阿基米德。他要去泡澡，那么我怎么样才知道它的力的变化呢？我们是用什么东西来测量力？

生（异口同声）：弹簧测力计。

师：非常好，弹簧测力计。老师为了让大家看得清楚，准备了一个大的弹簧测力计。使用弹簧测力计我还需要一些同学告诉我两个值。一个是它的测量范围最大值，一个是最小刻度。给这位同学机会，看看它的弹簧测力的范围是多少牛？

生8：5N。

师：5N，非常棒。那么它的每一个小格分度值是多少？你来告诉老师。

生9：0.1。

师：她说是0.1。好坐，你来说。

生10：0.01N。

师：0.01N？我再找一位同学来。我想问，这里0，这里1.0里面有几个小格？

生：五个小格。

师：所以一个小格是多少？

生10：0.2。

师：没错，所以最小刻度是0.2N，测量范围（0～5）N，请大家记下来。现在我们来测一下，首先测一下这个空桶的。请第一组的倒数第三个男同学到黑板上帮老师记下数据。这位小帅哥告诉老师这个空桶的重力有多少？

生11：0.2N。

师：0.2N，正确。请大家记下来。第二个，我们把阿基米德本人称一称，他的思想肯定很厚重。来称一称这个钩码，告诉老师。

生 12： 2.4N。

师：2.4N，好。这位同学再看来。指针指到了几？

生 13： 1。

师：对，其实钩码的重力是 1N。请大家记下来。现在让他去泡澡。先把杯子加满水，怎样知道水满？

生 14：溢出来，溢到水口那。

师：很好，现在水溢出来了。刚才测量得钩码重力是 1 牛。现在我把它放到水中去读一读有多少牛。然后把溢出来的水接起来。这里前面第二个男同学告诉老师，现在弹簧测力计的示数是多少？

生 15： 0.8N。

师：0.8N，很好。为了求证，这位同学你也来读一下示数，看看是不是 0.8 牛？

生：是 0.8N。

师：没错，此时弹簧测力计的示数是 0.8N。请大家记下来。原来是 1N，现在是 0.8N，为何变小不是变大？

生（异口同声）：有浮力。

师：很好。他受到了水对他了浮力，浮力大小算出来是多少？

生（异口同声）：0.2N。

师：非常棒。请大家记下来。刚才谁提的问题，请你再重复一遍。

生 16：浮力跟水有什么关系？

师：那你觉得我现在应该干什么？

生 16：我感觉现在可以测一下水的质量。

师：质量还是重力？

生 16：重力。

师：很好，好我听你指挥，马上称一称。请问刚才空桶重力是多少？

生（异口同声）：0.2N。

师：好，我现在走过去，给你看看，你的问题你来验证，是多少？

生 17：现在是 0.5N。

师：刚才的桶是多少？

生 17：0.2N。

师：好。空桶 0.2N，现在桶是 0.5N，你告诉大家这个水的重力是多少？

生 17：0.3N。

师：那么现在，钩码它受到的浮力是 0.2N，把它赶走的水的重力确是 0.3N，这两个等不等？

生（异口同声）：不等。

师：难道是阿基米德的这个原理错了吗？其实不是的。同学们，在实验的时候，经常有可能因为操作不当导致产生误差。我想了一下，刚才我在做这个实验的时候，其实这个钩也浸下去了。这样一来是不是会排出去多一点水？所以导致我们测量排出水的重力更大了。不过借助这个实验，老师想告诉大家的就是阿基米德原理。请大家一起把它念一遍。

生（异口同声）：浸在液体或气体中的物体受到向上的浮力，浮力的大小等于排出来液体所受的重力。

师：请大家将其写在学案中。这个就是著名的阿基米德原理。我们学浮力，用形象地语言来描述，$F_{浮}$ 等于它赶走的什么？

生（异口同声）：液体重力。

师：又因为 G 等于什么？

生（异口同声）：mg。

师：我们在这里一定要注意一个细节，ρ、V、g，这个 ρ 它的下标可得要注意了，是它赶走的液体或气体的密度。它赶走的液体重力有多大？$\rho_{液} V_{排} g$。

师：同时，$V_{排}$ 跟 $V_{物}$ 的关系大家想一下。假如物体是这个样子沉底，那么它们之间的关系是怎么样的？

生（异口同声）：相等。

师：所以把阿基米德原理所讲的“浸在”两个字圈起来。它包含了浸入和部分浸。假如题目里只说浸在，有可能部分浸，有可能全部浸。那么怎么判断“浸在”的状态呢？就是我们要解决部分浸跟完全浸出现的结果。此时又有三类情况。咱们还是通过实验来观察。大家请看，一块木块放到水中，浸在这个叫什么浸？部分浸，也就是我们所说的什么？

生（异口同声）：漂浮。

师：非常好，漂浮。这个木块受到的浮力当然是等于赶走的液重。但是，它因为是漂浮，浮力除了等于赶走的重力以外，跟它自身的重力不知道有没有什么关系？

生 18：相等。

生 19：大于。

师：这位男同学说大于，这位同学说相等。咱们带着这个问题来做一个实验。我用一个木棍把这个木头按下去，然后我放手，大家看它怎么样？

生（异口同声）：上浮。

师：它为何要上浮？哪个力大？

生（异口同声）：浮力更大。

师：浮力和重力谁大？

生（异口同声）：浮力大。

师：大它就往上走，它最后为什么不走了？你来说，到最后怎么样？

生 20：浮力和重力相等了。

师：所以我们说浮力是等于什么力？

生（异口同声）：重力。

师：非常棒。所以说上浮是在动的一种状态，而动完以后，漂浮是静止的状态，二力相等。那么密度呢？木头的密度与水密度，谁的密度大？

生 21：$\rho_{液}$大。

师：$\rho_{物}$ 小于$\rho_{液}$。这是飘浮，非常好。大家来看一下还有一种状态，大家来看，一块小蜡烛，放入水中是什么状态？你来说。

生 22：它没有沉底，然后是悬浮状态，悬浮在这个液体的某一高度。

师：很好，悬浮。也就是说在水里上不去、又下不来。那么，悬浮时浮力跟重力，你认为这两个力是谁大谁小呢？刚才已经分析过，如果两个力不等他还会悬在里边吗？不会。所以，二力应该怎么样？

生（异口同声）：平等。

师：那么二者密度之间的关系是怎样的？这个物体跟它的液体密度怎样？

生（异口同声）：相等。

师：老师先不说，我们先来探究一下这个实验。乒乓球在水中属于什么？飘浮，如果我往乒乓球里灌满水会怎么样？这位同学你来，用这个针，利用大气压将乒乓球内部注满水。注满了水，乒乓球里边的密度跟水是相等的。现在请你把它扔进去，大家看这个乒乓球，现在还没有完全悬浮，可能是因为里面的水比较难完全注满，里边还有点气。老师上课前做的这个乒乓球灌满了，是不是完全悬浮了？所以这个实验要多次去做，如果精准一点的话它是完全悬浮的。所以，$\rho_{物}$ 与 $\rho_{液}$ 是怎样的关系？

生（异口同声）：相等。

师：非常好。所以以后一看到悬浮你就知道了，浮力等密度等。第三种状态，同学们我们来看一下，石头丢在水中，它是怎样的？

生 23、24、25：沉底。

师：说明什么力大？

生（异口同声）：重力大。

师：非常好。所以请大家将沉底的情况也写上去。浮力小于重力。同时，二者密度的关系，石头的密度比水的密度要大。

四、随堂练习

师：所以我们今天讲了三种浸在液体中的类型，演示了那么多，老师想说的是学习浮力，我们要抓住三个知识点，从定义到原理，从原理到三类静止的浮沉。我们最终要解决的一个问题是解决物理的一种思维方法，学完这节课我想你们体会到一种解决浮力的思维方法。我们来通过一道题，找到解决浮力的方法。首先，一读到这道题，看到体积相同的铅球和铁球，请大家马上把体积“相同”圈出来，脑海中马上想象到这两个东西的体积是一样的。

师：第二个浸没，我们说刚才浮沉是不是有三种状态，有飘浮、有悬浮、有沉底？它是浸没的，是沉底没有露出来的。而且它们排出来的都是什么？煤油，排走的液体是一样的。所以我脑海出现是阿基米德说的浸在液体中的物体等于它排开的重力。于是乎我在试卷旁边写上了这样的方法，$F_{浮}=\rho_{液}V_{排}g$，要比较浮力大小就从这个公式入手。我们来看看谁大谁小。咱们来看他们排开的是什么？

生（异口同声）：煤油。

师：它们谁排得多？

生（异口同声）：一样多。

师：一样多，那么浮力算出来结果是怎样的？

生（异口同声）：相等的。

师：非常好，选C。这就是第一种方法，从公式中寻找他的突破口，从哪个公式？阿基米德原理。但是会不会这种方法也不灵呢？走进第二题，你们试着做一做。

（学生做题）

师：好，你来跟同学们说你选了什么？

生 26：我选 B。

师：请你讲一下。

生 26：首先用阿基米德公式法，我用 $F_{浮}=\rho_{液}V_{排}g$，常量不用比较，由于是同一种液体 $\rho_{液}$ 相等，但是它们的体积我不知道，而且是一个是沉底，一个是漂浮的，所以它的 V 排无法比较。

师：所以，归根到底你认为 $V_{排}$ 不知道，其他两个都是定量的，所以就无法比较了对不对？此法不通所以他选择 B。还有别的同学有别的答案吗？你来说。

生 27：我觉得应该选 A。

师：你为什么选 A？

生 27：首先 A 是漂浮的，B 它是沉底的。沉底时 G 大于 $F_{浮}$。

师：沉底的浮力是小于这个物体的什么力？

生 27：重力。

师：这两个物体我想问谁重？

生（异口同声）：一样重。

师：你们说的一样重，对于 B，浮力小于重力。对于 A 呢？等于重力。假如这两个物体重力为 10 牛，一个浮力等于 10 牛，一个浮力小于 10 牛，浮力谁大？所以正确的答案能选出来吗？

生（异口同声）：A。

师：非常棒。所以我们在做浮力题时，若方法一行不通，就用第二种方法，叫作平衡法。怎么个平衡法？其实是通过它的浮沉看出力的关系。所以我想说的也就是我们做题时的思维，第一种方法高人法，行不通，再走进第二种方法，通过它的浮沉来判断它的浮力。那么大家赶紧做第三题，按这个思路走。

（学生做题）

师：这道题关键词在哪里？

生（异口同声）：同一体积的。

师：重力相同，溶液不同，密度不同。通过“高人法”行吗？

生（异口同声）：不行。

师：我们从题目中能不能知道，$V_{排}$ 谁排得多？

生 28：一样多。

师：一样多吗？

生 29：甲多。

师：甲是不是悬浮？同一个鸡蛋是不是甲排开液体量多？而甲是什么浮？

生（异口同声）：悬浮。

师：悬浮时二者密度是怎样的？鸡蛋的密度等于什么密度？

生：液体密度。

师：那么也就是甲杯的液体密度等于鸡蛋的密度，请大家写在旁边。第二个，乙杯中液体的密度跟鸡蛋的密度谁大？

生（异口同声）：乙杯的密度大。

师：乙杯中液体的密度大于鸡蛋的密度，那么这两个杯的密度谁大？

生（异口同声）：乙的密度大。

师：乙的密度大，甲的密度小。那么为什么 A、B 不对？（A、B 选项为甲、乙两杯液体中鸡蛋受到的浮力大小比较）

生（异口同声）：它们浮力是相等的。

师：一个是漂浮一个是悬浮，还是用什么方法可以找出来？漂浮、悬浮他们的浮力分别等于他们的什么力？

生（异口同声）：重力。

师：非常好。所以这道题答案应该选择 C。

师：好，时间到了。老师最后想讲的是方法，通过这三个点思维的方法，最后回归到这个定义点。我们要寻找出这个方法，第一解决浮力判断大小首选“高人法”阿基米德原理；第二个是自选“平衡法”通过状态分析，定能找出浮力的判断方法，你带着这个思维去做浮力题，一定不会有问题。这就是我这节课想给大家带来的一个学习浮力的思维，下课。

融入实验情境，提炼思维方法

摘要：情境式复习，则是指在教师创设的学习情境中，结合视听说等感官运动，建立知识与情境的联系，使学生在解决问题的过程中归纳相关的规律、总结一般性的方法的一种复习方法。本文以人教版八年级下册第十章浮力的复习课为例。浮力既是初中物理教学的难点，也是中考物理考查的重点。在整合教材的基础上，以一系列现实情境串联知识，构建知识网络，并以虚拟情境创设有挑战的问题，帮助学生应用所学知识解决实际问题，落实核心素养，从而使学生学习深度发生。

关键词：情境式复习；核心素养；学习深度发生；浮力复习

情境式是教师创设学习情境、学生结合情境解决问题的一种教学方式。情境式复习，则是指在教师创设的学习情境中，结合视听说等感官运动，建立知识与情境的联系，使学生在解决问题的过程中归纳相关的规律、总结一般性的方法的一种复习方法。将生活情境实验化，将实验情境生活化，有利于提高学生的学习兴趣，培养学生使用物理方法、运用物理思想、建立物理模型、解决实际问题的能力。通过对物理知识的批判性理解，将旧知识和新知识进行整合，培养学生学习的习惯[1]，使学习深度发生。

浮力是初中物理的基础知识，也是初中物理教学的重点内容。浮力的相关内容比较抽象，学生理解起来难度较大。在《课标》中，对浮力的要求是“通过实验，认识浮力。探究浮力大小与哪些因素有关。知道阿基米德原理，运用物体的浮沉条件说明生产、生活中的一些现象”。对八年级学生而言，浮力、压强是普遍比较薄弱的模块。不会做这类题的原因有很多，其中之一是：有的学生不会迁移相关知识点来进行分析[2]；求浮力的方法那么多，不知道应该用哪一个。所以在教学浮力知识时，教师要结合现实生活，选取与生活密切联系，并且时代性强的实例，构建能够激发学生兴趣的问题情境，使学生产生稳定持久的学习动力[3]。在复习浮力知识时，教师要和学生共同回顾浮力情境，调动学生的多种感官，促进深入理解，形成牢固记忆，并建立与方法之间的联系。

一、乒乓球漂浮——“一个定义”

现实情境展示：在烧杯中装适量的水，一颗乒乓球漂浮其上。用手将其按下，发现其总会直着上浮。

知识关联：乒乓球漂在水面上、按下去也会浮起来的原因是，浸在液体（或气体）中的物体受到向上的力，这个力就是浮力。浮力是竖直向上的，与重力的方向相反。而浮力产生的原因是物体上下表面收到的压力不同。由此可得出浮力的第一个表达式：

$$F_{浮}=F_{向上}-F_{向下}$$

这个情境有利于学生掌握浮力的本质，简单有趣的实验，能激发学生的学习兴趣；同时又能帮助学生回顾浮力的相关内容，使学生对浮力的知识点有整体认识，为后面的知识整合做铺垫[4]。

二、测力计示数变化——“一条原理”

现实情境展示：在溢水杯中加满水，用弹簧测力计测量物块的重量 F_1；随后缓慢伸入水面以下，将物块完全浸没，记录示数 F_2，测量溢出的水加水桶的总重量 F_3，以及空桶的质量 F_0。

知识关联：物体在液体中静止，受力平衡，由此得出浮力的第二个表达式：

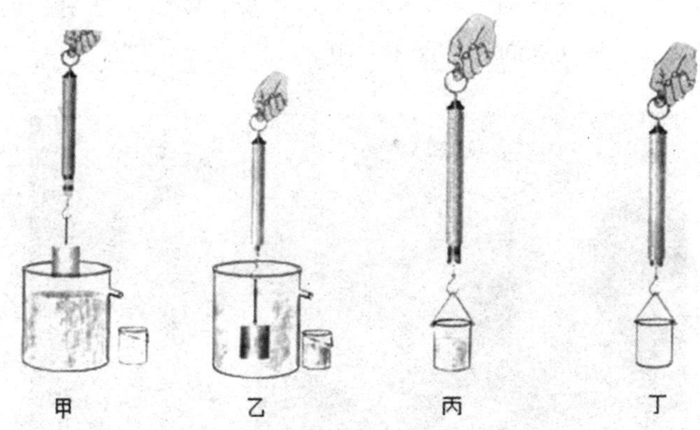

图1　测量物体所受浮力实验示意图

$F_{浮}=F_1-F_2$

通过计算，可知溢出的水重为：

$G_{排}=F_3-F_0$

再比较浮力与排来水的重力，可以知道，物体所受浮力的大小与排开的水所受的重力相等。由此得出浮力的第三个表达式，也就是阿基米德原理：

$F_{浮}=G_{排}=m_{排}g=\rho_{液}V_{排}g$

同时，这个实验情境实际上是对生活情境的模拟：当人进入浴缸时，腿部排开一小部分水，人体就会受到一定的浮力作用；当完全坐入水中之后，身体排开大量的水，人体就会受到较大的浮力。“阿基米德很远，但泡澡很近。”眼前的实验情境与脑中的生活经验相结合，能使记忆更加深刻。同时培养学生联系实际的能力和运用物理知识解释生活现象的习惯，加深对物理思维和物理知识的理解。

三、三种浮沉状态——“一类浮沉”

现实情境展示：在三个盛有适量水的烧杯中，分别放入木块、乒乓球、石子。发现前两者漂浮，后者沉底；随后用注射器向乒乓球中注满水，乒乓球即可悬浮于水中。

图 2　三种浮沉状态

知识关联：当物体悬浮时，受力平衡，故有：$F_{浮}=G$；又由于完全浸没，排开水的体积与物体的体积相等，故有：$V_{排}=V_{物}$；根据阿基米德原理，$F_{浮}=\rho_{液}V_{排}g=G=\rho_{物}V_{物}g$，由此可得 $\rho_{液}=\rho_{物}$。同理，当物体漂浮时，受力平衡，故也有：$F_{浮}=G$；但由于不完全浸没，排开水的体积小于物体的体积，即：$V_{排}<V_{物}$；根据阿基米德原理，可知 $\rho_{液}>\rho_{物}$。而当物体沉底时，也有受力平衡，但需要容器底部的支持力来平衡重力，故有：$F_{浮}<G$；由于完全浸没，排开水的体积等于物体的体积，即：$V_{排}=V_{物}$；根据阿基米德原理，可知 $\rho_{液}<\rho_{物}$。

将三种状态下的关键物理量关系整理后，得到下表：

表 1　物体浮沉条件

漂浮	$F_{浮}=G$	$V_{排}<V_{物}$	$\rho_{液}>\rho_{物}$
悬浮	$F_{浮}=G$	$V_{排}=V_{物}$	$\rho_{液}=\rho_{物}$
沉底	$F_{浮}<G$	$V_{排}>V_{物}$	$\rho_{液}<\rho_{物}$

由此有浮力的第四个公式，当物体处于漂浮或悬浮状态时，有浮力与物重相平衡，即：

$F_{浮}=G$

根据物体的浮沉状态，我们可以快速判断出关键物理量之间的关系；反过来根据关键物理量之间的关系，也可以判断物体的浮沉状态。这也是在初中物理中解决浮力问题的主要思维方法。

四、分析问题——“一种思维”

抽象情境展示：将一个重为6N，体积是$0.8dm^3$的物体置于足够深的水中，浸没在水中的体积是多少？

问题分析：如果是漂浮，则可根据阿基米德原理计算排开水的体积；如果是悬浮或沉底，则排开水的体积就是物体的体积。但因为物体的浮沉状态并未直接给出，也没有关键物理量的比较，所以要进一步做判断。

方法一：先计算物体的密度，再与水的密度进行比较，判断出浮沉状态进而解决问题。

物体的密度：$\rho_{物}=\frac{m_{物}}{v_{物}}=\frac{G_{排}}{gv_{物}}=\frac{6N}{0.8\times10^{-3}m^3\times9.8N/kg}=0.76\times10^3kg/m^3$；

$0.76\times10^3kg/m^3<10^3kg/m^3$，故是漂浮状态，$F_{浮}=G$；

排开水的体积：$V_{排}=\frac{F_{浮}}{\rho_{液}g}=\frac{G}{\rho_{液}g}=\frac{6N}{1\times10^3kg\times9.8N/kg}=0.61\times10^{-3}m^3$

方法二：不妨先假设其漂浮，直接计算需要排开水的体积，如果小于物体的体积则是漂浮状态，如果等于物体的体积则是悬浮状态，都直接能得到结果；如果大于物体的体积则当前体积无法使浮力等于重力，只能沉底，故排开水的体积等于物体的体积。

假设漂浮：$V_{排}=\frac{F_{浮}}{\rho_{液}g}=\frac{G}{\rho_{液}g}=\frac{6N}{1\times10^{3}kg/m^{3}\times9.8N/kg}=0.61\times10^{-3}m^{3}=0.61dm^{3}$；

$0.61dm^{3}<0.8dm^{3}$，故确是漂浮状态，假设成立，$V_{排}=0.61dm^{3}$.

经过三个现实情境的展示，一边让学生查漏补缺，一边建立视觉联系，例如漂浮的乒乓球经过注水后变成了悬浮的乒乓球，让公式和原理不再是枯燥的文字，还伴随着生动的景象。在建立联系的过程中，让知识织线成网，使得三种浮沉状态对应的物理量之间的关系愈发清晰。最后使用虚拟情景，以问题的形式诱发学生深入思考，将定义、原理和公式灵活运用起来，以“浮沉状态”为思维主线相串联，选择合适的方法解决问题。

初中学生的形象思维占据主导地位，他们希望通过对现象的感知认识物理概念和规律。教师可以采用形象直观的方法来突破物理知识中比较抽象的难点[5]。情境式复习正是通过“显性”的教学情境，帮助学生形成“隐形”的知识框架。调动学生感官进行联想记忆，并提供了具有一定挑战的问题情境，让学生在应用所学知识解决问题的同时，体验探索、发现的过程与乐趣，提升科学思维能力，达成深度复习的效果，使核心素养的培养在物理课堂中落地生根。

参考文献

［1］赵扬程. 基于深度学习的初中物理复习课教学策略［J］. 中学物理教学参考，2020，49（06）：75.

［2］潘少芝，谢元栋. 题海战术不如提炼方法——谈浮力专题复习教学［J］. 中学物理教学参考，2019，48（20）：30－31.

［3］褚衍磊. 浮力教学的思考［J］. 中学物理教学参考，2019，

48（20）：54－55.

［4］程荣贵. 关于“浮力”的深度复习教学设计［J］. 物理之友，2020，36（04）：31－32.

［5］顾锦楼. 初中物理难点成因分析及教学策略探讨［J］. 湖南中学物理，2019（11）：19－20.

《滑轮》课堂实录

时间：2020 年 6 月

地点：深圳市玉龙学校微格教室

一、话题导入

师：同学们好。在我们学习本节课之前，我们先来看一幅图片。这幅图片大家应该非常熟悉，这是我们每周一都会参加的升旗仪式。那问一下咱们班有没有人当过升旗手？有当过升旗手的？非常好，请这位同学上讲台来，在课上一起来举行一个短暂的升班旗的仪式。这是老师课前提前搭好的升旗装置。这个铁架台就是我们的旗杆，这个细绳是我们的旗绳，然后我们把这个钩码当作我们的班旗，我们一起来个简短的升旗仪式。

师：非常好。同学们观察一下，刚才在升旗的过程中，升旗手是向下拉绳子，为什么我们的班旗会缓缓地往上升呢？大家有没有想过这个问题？这是因为我们用到了一个简单的装置，而这个装置就是我们这节课要讲的内容——滑轮。我们每个小组手中都有一个类似的装置，大家可以拿起来观察一下。那老师手中也有一个放大版的，我们观察一下，这个滑轮它的边缘结构有什么特点？

生（异口同声）：有一个凹槽。

师：非常好，它中间有什么特点？

生（异口同声）：有个轴。

师：它可以围绕这个轴怎样？

生（异口同声）：转动。

师：很好，现在我们就得出了滑轮的定义。大家跟我一起来看一下，PPT 上，它边缘有一个？

生（异口同声）：凹槽。

师：它中间有一个？

生（异口同声）：轴。

师：它可以绕轴？

生（异口同声）：转动。

师：这就是我们滑轮的定义，我们现在已经知道了什么是滑轮。那老师请同学们，以小组为单位，大家自己组装一个装置，来提升重物，老师唯一的要求就是，我们每个人都要用到滑轮来提升。现在开始给大家 5 分钟左右的时间，大家来自己组建这个装置。

二、熟悉概念

（学生搭建滑轮装置）

师：好，时间差不多了，大家放下手中的器械。来，把目光投向老师。刚才我看同学们都搭建得非常棒，下面我们请两个小组来展示一下，他们搭建的装置。好，请这个小组，你们一起来展示一下。还有这个小组，你们一起来展示一下，你们搭建的滑轮。刚刚大家在观察这两个小组演示的时候，他们提升重物时，有什么不同？我们盯着这个滑轮的轴，看看有什么区别？来，慢慢提升。好，这边也提升。看看两种装置，它们的轴有什么区别？请坐，谢谢这两个小组的同学。通过大家刚才的观察，我们会发现这两个小组，他们的装置有什么特点？好，这位同学说一下。

生 1：我觉得这个小组，那个轴它是在一个点上固定不动，然后那个小组的那个轴是有上下移动。

师：好，非常好，请坐。大家都有观察到这个特点吗？这位同学说的非常关键。我们生活中，常见的就有这两种滑轮。第一种，就是这种轴固定在顶端，它不动的，我们就称之为？

生（异口同声）：定滑轮。

师：很好，那么动滑轮，它的轴会怎样？

生（异口同声）：会动。

师：对，它会和重物一起移动，我们将这种滑轮称为动滑轮。我们现在已经知道了什么是定滑轮，什么是动滑轮。那我们一起来看一下，生活中常见的滑轮。大家一起来看一下这组图片。老师给大家几分钟思考的时间。我们下面进行一个有奖问答环节，请同学们找出图片中的定滑轮。第一个举手的同学会参与抽奖环节。这么快，好，请这位同学起来说一下。

生 2：老师我觉得那个水井是定滑轮。

师：水井是定滑轮，还有呢？

生 2：旗杆也是定滑轮。

师：旗杆也是定滑轮。

生 2：窗帘也是定滑轮。

师：窗帘也是定滑轮，还有吗？

生 2：应该就这 3 个。

师：好，请坐，还有要补充的同学吗？来，很好，这位同学。

生 3：在窗帘上面那个也是定滑轮。

师：这个也是定滑轮是吧？

生 3：上面。

师：好，请坐，这位同学也有补充？

生 4：我觉得吊车是一个滑轮组，它有两个，它有一个是定滑轮，一个是动滑轮。然后还有那个起重机也算是一个滑轮组，提重物的就是动滑轮。

师：好，非常好，请坐。那老师来给大家揭晓一下答案，我们像刚才那位同学说的，第一幅图它是一个定滑轮，还有一个动滑轮，这个固定不动，是一个定滑轮。那另外呢，也有同学说，第二幅图是定滑轮，非常好。第三幅图、第四幅图都是定滑轮，证明大家观察得非常仔细。那我们接下来请第一位举手的同学，参与抽奖环节，定滑轮和动滑轮来选一个。

生2：动滑轮。

师：动滑轮，确定不改了？再给你一次机会吧。

生2：定滑轮。

师：定滑轮，非常好，请坐。那我们看一下奖品是什么？（奶茶一杯）

生（感叹）：哇。

师：那动滑轮呢？（试卷一张）

生（大笑）：哈哈。

师：好，请这位同学上台领奖，请下课再喝。

师：我们现在已经知道了什么是定滑轮，什么是动滑轮，也认识了生活中的滑轮。那我们接下来看一幅漫画，这幅漫画左图中，一个小人他是用定滑轮在提升重物，那右图中，这个小人是站在二层楼，用动滑轮逐渐往上提升重物。那大家猜想一下，哪种提升重物的方式可能更省力一些？

生（部分）：动滑轮。

师：都认为是动滑轮？

生（部分）：定滑轮。

师：也有同学说是定滑轮。好，实践是检验真理的唯一标准，等会儿我们一起来分组探究。在探究之前，我们先来认识几个关键的物理量。我们将钩码的重量定义为G，它上升的高度是h，那它的拉力是F，绳子自由端移动的距离是S。我们接下来要干什么呢？我们先用弹簧测力计测一下，我们蓝色器材盒中的钩码的重力。然后我们再用弹簧测力计测一下，用定滑轮或者是动滑轮提升重物时的拉力。如果刚才你搭建的是动滑轮，那你就测动滑轮的，如果你是搭建的定滑轮，你就测定滑轮的。最后我们比较一下，这两种滑轮提升重物时拉力的大小。好，同学们还有疑问吗？好，开始实验。已经把数据测好的小组，可以把它写下来，前3个小组都有奖励。

三、组织实验

（学生做实验）

师：大家不要着急，把数据测准。我们测完的同学也可以利用装置再尝试另外一种滑轮，试一下。

师：好，时间差不多了，大家放下手中的器材，还没测完的，我们也不要测了。大家放下器材，我们把铁架台放到地上。来，看黑板，这是刚才我们6个小组测得的数据，我们先来看一下通过定滑轮，测得的拉力大小，都是在1.3N以上。那么再看一下动滑轮测得的数据，整个数据都是在0.7N、0.8N左右。通过我们实验探究发现，刚才漫画中哪种方式提升重物更省力一些？

生（异口同声）：动滑轮。

师：非常好，动滑轮。那么我们再观察一下这个数据，对比一下重力和拉力。我们定滑轮提升重物时，重力都在1.4N、1.5N左右，拉力也在1.5N左右，他们之间是一种什么关系？来，这位同学。

生5：通过这个表格我们可以得出，重物的重力如果用定滑轮来测的话，拉力是和它本身的重力差不多的，是一样的，不省力。

师：好，非常好，请坐，这位同学大家认可她的答案吗？

生（异口同声）：认可。

师：那我们再观察一下动滑轮提升重物时，比较它的重力和拉力，我们会发现一种什么关系？很明显这个重力是比拉力大的对吧？

生（异口同声）：对。

师：那么我们看数值关系近似等于多少？

生 6：应该是小于号。

师：数值关系近似等于多少？

生 7：1/2，一半。

师：非常好。但真的是 1/2 吗？那我们一会儿再来探究一下这个问题。好，我们之前学过杠杆的知识，我们知道省力杠杆在省力的时候，它一定是费距离的。我们发现动滑轮，它提升重物时，也有这个特点，它提升重物时，它会省力，那我们猜想一下，它是否也会费距离呢？

生（异口同声）：会。

师：都认为会？

生（异口同声）：对。

师：那老师给大家用实验演示一下。老师在这个铁架台上，标了 3 个刻度，每个刻度之间，间隔 10 厘米。那我们首先把重物放在有刻度处，老师在这个铁架台的顶端做了红色的标记。我们逐渐提升重物，提升到中间刻度的时候，观察一下，这个标记红色的地方，它提升了多少距离？好，重物已经到了中间刻度。绳子自由端移动了这么长的距离，你们来比较一下，我们会发现什么规律？

生（异口同声）：2 倍的距离。

师：2 倍的距离是吧？好，非常好。那我们就得出了，绳子自由端移动的距离，是提升重物高度的 2 倍，它确实是费距离的。那么接下来，我们再探究一下定滑轮，它既然不省力，那么它到底省不省距离，或者费不费距离呢？我们接下来探究一下，我们还是利用刚才的，我们搭建的升旗装置。我们依然将重物放在 0 刻度处，我在力的作用点这个位置标记了红色。我将重物提升到最高点，最高刻度的时候，我们观察一下，绳子自由端移动了多少距离？好，现在已经到了最高刻度，那它移动了这么长的距离，我们来比较一下，同学们发现什么规律？

生（异口同声）：相等。

师：很好，相等。我们发现对于定滑轮而言，它既不省力，也不省距离。动滑轮省力，费距离。这告诉我们一个道理：鱼与熊掌不可兼得。你既然想省力，你就肯定会费距离，简单机械不存在既省力，又省距离的。好，现在我们已经知道，定滑轮和动滑轮的特点。那我们猜想，既然定滑轮它既不省力，也不省距离，那我们还用它干吗呀？它有什么作用呢？刚才我们升旗装置的时候，我们会发现？

生8：它可以改变力的方向。

师：很好，让我们一起来读一下定滑轮的工作特点。

生（异口同声）：定滑轮既不省力又不省距离，但可以改变动力的方向。

师：不省力，它也不省距离，但是它可以改变方向。那我们一起来总结一下动滑轮的工作的特点，大家一起来读一下。

生（异口同声）：在竖直向上提起重物的过程中，动滑轮能省力，但费距离且不能改变动力的方向。

四、原理剖析

师：好，很好，那到目前为止，定滑轮、动滑轮的工作特点，我们也已经知道了。那它具有这样的工作特点，它的原理是什么呢？接下来老师带大家一起来分析一下。其实定滑轮它也可以抽象成一种杠杆，我们知道杠杆有五个要素，那首先我们一起来找一下这个杠杆中的支点是哪一个，好，这位同学。

生9：支点是指吊点，圆心那个地方，然后阻力作用点是起重物的伸长。

师：很好，那动力呢？

生9：动力是拉力，动力臂和阻力臂刚好是支点到动力和阻力延长线的垂线。

师：非常好，请坐，本来老师只想问支点，这位同学太优秀了，把问题都抢答完了。好，那我们现在已经很清晰了，支点在 O 点，然后阻力是它的重力，动力是拉力，那支点到阻力之间的垂直距离就是它的阻力臂，这是它的动力臂，那我们发现阻力臂和动力臂有什么关系？

生（异口同声）：相等。

师：对，它们都是圆的半径，所以它们是相等的，那么一起根据杠杆原理 $F_1L_1 = F_2L_2$，又因为定阻力臂和动力臂相等，自然而然这个重力跟拉力也就是相等的。那定滑轮它的实质是一个什么杠杆？

生（异口同声）：等臂杠杆。

师：很好。定滑轮它的实质就是一个等臂杠杆。在看动滑轮之前，我想让大家再猜想一个问题，我们刚才在拉重物的时候，绳子都是竖直往下拉的，如果我们绳子往内侧或者往外侧拉的话，它的力会改变吗？大小会改变吗？

生（部分）：不会。

生（部分）：会。

师：有人认为会，有人认为不会。那么老师带大家一起来分析一下，它的力改变了，力的方向改变了，那它的作用点也改变了，但是我们看一下它的动力臂，会发现它的长度变了吗？

生（异口同声）：没有。

师：依然还是半径，那这圆力的大小会改变吗？

生（异口同声）：不会。

师：非常好。我们接下来看一下动滑轮，我们依然可以将动滑轮抽象为一个杠杆，那这次请一个同学上来，画一下杠杆的五要素，有自愿上来的吗？那我来随机点一个同学好吧？那这次点个后面的同学，这位女同学，来，到老师这边，标一下五要素。

（学生板演）

师：大家的掌声说明大家很认可这个答案是吧？还有不同的意

见的吗？没有不同意见。那我们一起来分析一下。很明显支点在这个地方，那它的阻力就是它的重力。我们向上提重物，它的动力是它的拉力。那支点到阻力延长线之间的垂线就是它的阻力臂，支点到动力延长线之间的垂线就是它的动力臂。我们发现动力臂和阻力臂之间有个什么关系？

生（异口同声）：动力臂大于阻力臂。

师：其实是我们将一个圆抽象成一个杠杆的，那么再把这个圆复原一下，我们会发现关系是怎样的？

生10、11、12：动力臂是阻力臂的两倍。

师：两倍对吧？很好。因为它一个是圆的半径，一个是圆的直径。我们一起来看一下，这位同学标得很好，这是一样的。我们根据杠杆的工作原理 $F_1L_1 = F_2L_2$，因为动力臂是阻力臂的两倍，所以我们的拉力只有重力的1/2。之前我们留的这个悬念现在已经解决了，那它的实质是一个什么杠杆？

生（异口同声）：省力杠杆。

五、课堂总结

师：好，很好，我们的动滑轮就是一个省力杠杆，接下来我们一起总结一下我们这节课学到的内容，定滑轮它的工作情况是怎样的？它的轴是怎样的？

生（异口同声）：轴心不动。

师：那它是一个什么杠杆？它的实质是什么？

生（异口同声）：等臂杠杆。

师：那它具有什么特点？

生（争相回答）：它不省力，也不费距离，但可以改变用力的方向。

师：很好，那我们一起来说一下动滑轮的特点。

生（异口同声）：轴心随物体移动。

师：它的实质是一个什么杠杆？

生（异口同声）：省力杠杆。

师：它具有什么特点？

生（争相回答）：省一半的力，费距离：$s=2h$，不能改变用力的方向。

师：很好，那利用我们这节课学到的知识，接下来看一组漫画。漫画最左边是一个比较重的老人在提一个重物，然后他让这个瘦瘦的人替他，结果他把自己给拉上去了，这太尴尬了。我们既然学了滑轮，我们有什么办法可以让他比较省力而且不把自己提上去呢？提到省力，我们会想到什么滑轮？

生（异口同声）：动滑轮。

师：很好，但是动滑轮它存在一个问题，我们刚才观察的时候，我们提重物发现那个动滑轮它是不能改变力的方向的，我们需要在二楼或者三楼才能继续用这个动滑轮来提，但是我们想站在一楼又很省力地把它提上去，那么该怎么办呢？来，这位同学说一下。

生 13：我觉得可以制作一个滑轮组。

师：哦，这个滑轮组是什么概念呢？

生 13：就是一个滑轮组里面有一个或者多个定滑轮或动滑轮。

师：非常好，这位同学说可以弄个滑轮组。我们知道了定滑轮它是改方向的，动滑轮是省力的。我们可以用动滑轮和定滑轮一起组装一下，然后就可以实现在一楼轻松把重物提上去。但是具体怎么组装，请同学们课下自己思考一下。用几个定滑轮、几个动滑轮也请同学们思考一下，这就是我们滑轮组的知识。我们下节课将会带大家一起学习滑轮组。感兴趣的同学可以提前预习一下。最后，我想请同学们来总结一下学到哪些知识。这位女同学你说一下，这节课你学到了哪些知识？

生 14：我今天认识了定滑轮和动滑轮两种滑轮，还提前预习了滑轮组。

师：还有什么？

生14：还学习到了定滑轮是可以改变力的方向但是动滑轮不可以。

师：非常好，还有要说的吗？

生14：没有了。

师：好，那我们再请一位男同学来说一下他自己学到了什么，那我们请这位同学。

生2：我印象最深刻的就是如何把滑轮与杠杆联系在一起，然后把定滑轮转换为等臂杠杆，动滑轮转换为省力杠杆，还有它省力的力臂关系和杠杆的力臂关系。

师：很好，还有吗？

生2：没有了。

师：我以为你印象最深刻的是得了一杯奶茶，没想到你还是记住了这么多，证明这节课学得非常棒。那好，既然大家都学到了这么多，我们有请刚才前三名的小组上来领奖。好，这节课就上到这里，下课。

教学环节的合理过渡

——《滑轮》教学思考

摘要：物理课程中受迫于繁重的教学目标，大多教师一般将重点倾向于实验数据的获得和结果的讨论，淡化了教学过程中知识点之间的合理过渡，从而一定程度上加大了学生的学习难度，不利于知识的理解与掌握。本文以《滑轮》为例，详述了教学过程中如何对每个探究环节进行合理有效地串联过渡，进而达到让学生紧跟教学思路，学有所思、学有所得的目的。

关键词：滑轮；教学设计；合理过渡；

教学是一种强调“沟通”的艺术，“师生对话”是教学活动的重要途径。那么要想构建充满活力的课堂教学体系，师生之间连贯有效的“对话”至关重要。因为学生不是被动的旁观者，他们对课堂传递的信息也不是简单复制和引入，而是进行理解之后进行主动架构的。而物理本身作为一门研究事物规律的学科，其抽象性较强，学生理解难度较大，如果我们在课堂上，与学生“对话”时，前后逻辑混乱、毫无章法地跳跃的话，那么学生很容易把注意力从我们的“对话”中挪开，理解我们想要传递的信息更可谓难上加难。一堂好的物理课堂，一定是教室、学生、教材、环境之间产生了良好的动态交互，让我们传授的知识变得更简单友好。当然，这也对我们教师在教学设计环节提出了更高的要求。我本着让物理回归生活，加强课程内容与现代社会联系的设计思路，并且从符合学生的兴趣和经验出发，来对滑轮这节课进行课程设计。但是，我遇到了很多教师都会遇到的问题，如何把控趣味性导入和知识点之间的衔接，以及从一个重点到另一个重点之间的过渡，而不仅仅是枯燥的“接下来、然后”等表达？这里面大有文章可为。我以《滑轮》这课为例，讲述如何在课程中将生活与物理知识进行串联，众多的实验探究进行合理过渡。

一、联系生活，趣味导入

有人说，一个出彩的课程导入意味着这节课成功了一半。这充分说明了课程导入在新课讲授中的重要性。那么什么才算好的课程导入？根据我的理解，我认为好的课程导入一般都会具有新颖、贴近生活、与课程联系紧密等特点。因为物理是研究物质规律和原理的一门学科，所以我从物理的教学方向出发，通过生活中的事物来提炼物理概念，来帮助学生更好地理解滑轮。首先，我自己在课前搭建了一个旗杆，让学生通过亲自体验升旗仪式的方式来导入新课。我特意在“旗杆”顶端装了一个很大的滑轮，让学生观察在升旗过程中，思考为何向下拉绳子，而国旗缓缓上升的问题，学生通过刚才的观察认识到了顶端滑轮的作用。接下来引导学生观察滑轮的结构特点，以此得出了滑轮的定义。这并不算一个特别新颖的导入素材，但我还是对这个导入素材进行了再加工，让其足够贴近生活，也足够贴近我们课程。课程导入是我们每个老师都十分重视的环节，但这仅是与课程知识的第一次衔接。一节课就像一场马拉松，出彩的课程导入只是为这段跋涉开了一个好头，接下来的每一步的衔接过渡都需要精雕细琢，这样才能起到事半功倍的效果。

二、实验探究，巧用对比

在《滑轮》这一课中，很重要的一个知识点就是要认识区分定滑轮和动滑轮，那么从滑轮到定（动）滑轮概念之间该如何过渡呢？

有很多教师认为动画演示是一个不错的手段，这种方式的确直观又省时，但它很大程度上限制了学生自身的思考和创造能力。在这里，我设置了自主实验探究环节，让学生自己利用滑轮来搭建一个提升重物的装置，一方面培养学生利用物理知识解决生活问题的能力，另一方面，学生可以自由选择两种方式来提升重物，从而培养了学生的发散性思维。在这个环节里，我把课堂还给学生，极大地提升了学生的学习积极性。最后收获的效果也是令人满意的，学生通过自由发挥搭建出了定滑轮和动滑轮装置，我请两个搭建不同装置的小组进行展示，让其他学生观察这两种提升滑轮在提升重物过程中轴的特点，以此直观有效地得出了动滑轮和定滑轮的概念。

三、利用漫画，巧设悬念

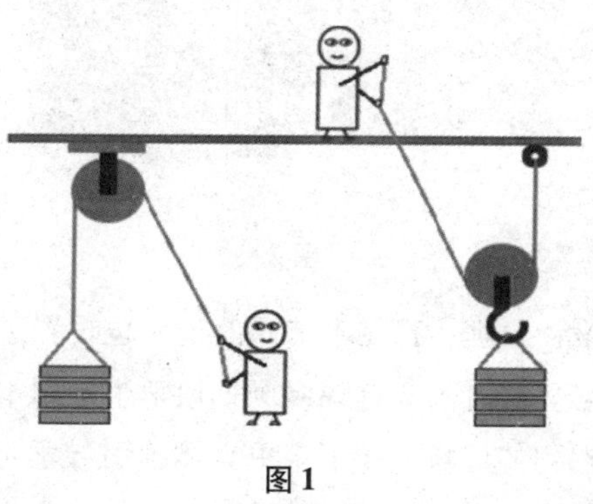

图1

学生在简单实验之后的情绪必然会有一定程度的兴奋和松散，所以我们需要设置一个环节瞬间把他们的注意力拉回课堂，漫画无疑是一个行之有效的方式，这是学生的兴趣点所在。那我们该如何充分利用他们由兴趣而引发的关注？一个很好的途径就是设置悬念，利用漫画设置的问题引发他们下一轮思考。漫画的搭配一定要有所选择，我们不能选取那些只为博得学生关注，然后一笑了之的素材，这样的素材起到的效果十分有限。相反，如果我们选取一个贴合课堂承上启下的漫画或者视频动画，那么可以起到一箭双雕的作用，既可以瞬间抓住学生的注意力，又可以很好唤起他们的思考，为接下来的知识点做好铺垫。我利用图 1 的这幅漫画，引导学生猜想哪种提升重物的方式更省力，以此引出了比较（定）动滑轮提升重物的探究实验。在物理教学中不能仅仅让学生面对枯燥的原始问题，我们应该想办法将问题生动形象地表达给学生，让物理问题更加生动鲜活。

图 2

根据这个设计原理，我在本节课的最后也设置了一幅漫画来结束本节课的内容。通过图 2 这幅漫画，让学生运用本节课学到的内容来避免图中遇到的尴尬。接下来更具体地引导学生选择动滑轮代替定滑轮达到省力的目的。同时继续追问如何在省力的同时也要改变力的方向，从而通过解决漫画中的问题，引出对滑轮组的设计，为下节课的知识导入做好铺垫。

四、温故知新，前后串联

建构主义理论认为：学生在学习过程中遇到新的概念、新知识，必须与其原有的认识和经验等旧知识，通过同化和顺应两种方式进行相互作用，实现认知结构的充足，才能纳入个体原有的认知图式或者新的认知图式[1]。这里面内含的经验就是，在新知识简述过程中，要注重新旧知识的联系和整个知识框架的全局性的把握。只有这样，在授课时才不会出现弱化和忽视环节，避免让学生在知识体系的架构上出现断层。

在本节课的中间阶段，我已经利用分组实验的方式得出了动滑轮具有省力的工作特点，但是该如何引出它在提升重物时会费距离呢？这又是在教学设计过程中的一个难点，于是我从机械的原理出发，抛出了一个关于杠杆的问题，利用前面学过的旧知识来引出探究的内容。我向学生提问，省力杠杆具有省力费距离的特点，同样作为简单机械的动滑轮也存在省力的特点，那么它是否会像杠杆一样工作时会费距离呢？此处抛出的这个问题，一方面很好地导入了接下来探究绳子自由端移动距离 S 和提升重物高度 h 之间关系的探究实验，另一方面也为介绍滑轮的工作原理做好铺垫。在探究教学中，分析论证以及学生之间的交流环节是十分必要的，这是一个暴露学生思维过程和课堂反馈的关键环节。我们可以通过及时准确的反馈，来调整接下来内容讲述的详略以及速度。经过学生短暂的思考进行猜想反馈后，我演示了探究动滑轮 S 与 h 关系的实验，学生很直观地得出来了在竖直向上提升重物时 $S=2h$ 结论。自然而然，他们对于定滑轮 S 与 h 之间的关系也充满好奇，我接下来演示了定滑轮的相关实验，整个过程水到渠成，极大地提升了学生的参与感。有了之前的铺垫，我们很好地将定（动）滑轮的工作特点切入到工作原理中，因为动滑轮省力费距离的特点，学生很容易将其抽象为省力杠杆，对于定滑轮，学生也表明，在教学设计环节中，前面的旧知识可以为导入新知识做铺垫。适时的回顾与串联，也会引发学生真正独立的思考，从而在新旧知识体系之间搭建起过渡的桥梁。

综上所述，一节精彩的物理课往往是一个完善的生态系统，它总是教学设计环环相扣，内容充实而过渡流畅的。因此，如何实现细节处的把控，引导学生进行有意义、有深度的学习，是我们值得思考和探讨的有意义的话题。我通过趣味导入、漫画设悬，前后知识回顾等方法把课程的三个探究实验串联起来，从而达到寓教于乐的目的。

参考文献

吴志明．延伸拓展式实验教学的实践研究［J］．中学物理教学参考，2014（10）：2－4.

后 记

教书育人近三十载，课堂，是我作为一名教师最留恋的风景。

自1991年走上教师工作岗位以来，工作角色的转变，并没有改变我对物理课堂永恒的热爱。回忆这些年来的教学场景，那些在物理课堂上和孩子们从事实验探索的场景——发现新知时的开怀一笑，验证公式时的成就满满，甚至是查漏补缺时的欣慰洒脱……这一幕幕都在我的脑海中萦绕着，也让我的心一直甜并快乐着。

2013年11月，我担任玉龙学校筹备组组长后，和这所学校一起开启了新的成长之旅。作为学校的校长，我是管理者，更是高效课堂的执着践行者，我迫不及待地想把自己积淀多年的教育教学经验分享给玉龙的青年教师们：玉龙学校以新生活教育为办学特色，我们热爱生活，更应该以生活作为课堂的原点；而在课堂上，重视学生的及时生成，并立即给予适当的提高和点拨是教学智慧的重要体现；只有关注到每一个孩子的成长，才是高效课堂的最终要义。生活、生成、生长，是我从事物理教学以来的经验凝结，我将其概括为“三生课堂”，邀请教育界专家进行专业论证，并最终得到了教育专家们的高度认可，将其沉淀为玉龙学校的课堂教学理念。

理念的先行，仅是我作为课堂教学追求者的一个侧影，坚持上课，是我作为学校管理者践行的另一个缩影。

我深知，在一所学校教研不可代替的重要性。只有重视教研，才能促进教师成长，对一所教师平均年龄仅有30岁的学校而言，教研的氛围直接影响着教师成长的大环境，作为校长，我必须要做好引领，一头扎进课堂中去。

这一扎，就是五年。五年来，我坚持给学校初三学生上物理复习课，我的物理课堂也在这些坚持的日子里，从年轻时的五光十色变得更加沉稳。也许是年龄的关系，在我的眼里，在我的课堂上，不再有差生。我开始用一种新的视角来看待课堂上的师生关系，并且多次成功唤醒了在课堂上游荡的心灵。我，作为一位成熟教师，越发被课堂吸引了；而在课堂上收获着作为校长赞誉的孩子们，也对课堂越发热爱。

既然热爱，就不要停下。“校长公开课”就这样在潜移默化中成为了玉龙的品牌教研栏目。我开始和玉龙的老师们一起，在课堂中研究，用课堂观察的量表来丈量自己的教学步伐，用专业的眼光来审视着彼此的教学。我们，都在走向专业的路上。

这本《新生活教育理念下的初中物理教学实践研究》，是我近年来从事物理教学的经验总结，这里收集的课堂教学实录，也是经过我与科组团队打磨后的成果。我的课堂心路，我的研究成果，也恰恰是“三生课堂”理念的一个呈现。

我要感谢这些年鼓励我在物理教学路上坚定前行的领导和前辈们；感谢我的搭档向浩副校长，支持我将自己的研究成果拿出来供大家指正；感谢玉龙学校理化生科组的陆泽璇、黄路生、刘江辉、王想等几位青年教师，协助我校对稿件；最后，我还要感谢几十年如一日默默支持我工作的家人们，更要感谢和我一起享受物理课堂的学生们。图书的出版，与其说是总结过往，不如说是开启新的篇章，我对物理课堂的执着，依然在路上。

是为记。

黄美芳

2020 年 7 月写于玉龙学校